U0489895

觉悟

智慧决策行思模式

项保华 著

图书在版编目（C I P）数据

觉悟：智慧决策行思模式 / 项保华著. -- 北京：企业管理出版社，2018.1

ISBN 978-7-5164-1612-9

Ⅰ. ①觉… Ⅱ. ①项… Ⅲ. ①企业领导学 Ⅳ. ①F272.91

中国版本图书馆 CIP 数据核字(2017)第 271943 号

书　　名：觉悟：智慧决策行思模式
作　　者：项保华
责任编辑：郑　亮　徐金凤　黄　爽
书　　号：ISBN 978-7-5164-1612-9
出版发行：企业管理出版社
地　　址：北京市海淀区紫竹院南路 17 号　邮编：100048
网　　址：http://www.emph.cn
电　　话：编辑部（010）68701638　发行部（010）68701816
电子信箱：qyglcbs@emph.cn
印　　刷：北京画中画印刷有限公司
经　　销：新华书店
规　　格：145 毫米×210 毫米　32 开本　8.5 印张　160 千字
版　　次：2018 年 1 月 第 1 版　2018 年 2 月 第 2 次印刷
定　　价：48.00 元

目 录

目　录

目　录

引子
——觉悟无知 开启智慧

企业与人生经营，时刻面临各种决策。当你做出判断与选择时，你是否知道决策的念头是从哪来的？你为什么会做出这样而不是那样的选择呢？你清楚自己的决策看法是怎么产生的吗？你真的确定你所做出的决策，是出于你自己内心的想法、看法与观点吗？

回答以上问题，涉及智慧决策的本质——行思模式。行思模式隐含反映我们对于决策到底是怎么一回事的根本判断，代表了做出决策所依据的根本原则，它构成了我们所有关于决策的概念、看法、想法与做法的基础，决定了如何做出决策的整个过程。*

研究表明，人们的认知活动，大多数取决于超出意识的那 95%的大脑活动，仅有 5%左右是有意识的，而从源头上看，这 5%仍受过往无意识累积信息的影响。威廉·詹姆斯认为，“从早到晚，我们大约 99%，甚至 99.9%的行为是习惯性、自动完成的。”

习以为常，线性思考，惯性行动，既出自长期生物进化的本能，也源自后天社会历练的养成。线性，惯性，变成无意识的习性，若作用于重大决策，可能会很致命。复杂多变的经营环境，意味着未来发展非线性、不确定，呼唤着升级的智慧决策行思模式。

无意识，或称潜意识，隐藏在表面的有意识思维与行为背后，通常很难为我们的意识所察觉。如果把有意识看成是冰山露出水面的尖尖角，则潜意识就代表着冰山处于水面下的丰富宝藏。清醒地认识我们对于潜意识的无知，是开启决策智慧大门的关键。

觉悟无知，不妨反思：你是用没有偏颇的眼光，淡定看待所面对的决策事物之本来呢？还是会受市场潮流、媒体炒作、专家报告、

---

* 本书所涉的自我设问及相关表述，参考了一些佛学著作，谨此说明并致谢！

微信文章等众多信息的无形影响？你也许会认为，对于所做的决策，完全出于自己的内心愿望，没有受到任何外部的影响。

你真的觉得自己没有受到外部影响吗？你又是怎么确认这一点的呢？人在江湖，身不由己。有没有存在这样的可能，你在决策过程中实际还是受到了某种环境压力的无形影响，只是自己对此毫无知觉而已？这是在决策的思维，也即认知层面所遇到的挑战。

在决策的行动层面，许多公司召开年度重大决策会，采取远离公司现场、闭门静思的做法，觉得如此可以排除当下矛盾冲突的影响，从而能够在淡定的会议氛围中，做出更具战略远见的决策。这种做法，可以阻断现行喧嚣干扰，却无法隔离历史噪声影响。

事实上，那些可能干扰决策的各种形形色色要素，早就通过润物细无声的方式，潜入决策者的大脑，会在决策者不知不觉中发挥作用。大脑吸收信息，一刻不停，如果说有意识接收信息，或有选择性，存在疏漏；无意识吸纳信息，则如黑洞，巨细无遗。

潜意识，通过感知、思维、行动，借助一切可能渠道搜集信息，并在你有意识或无意识中，对这些所吸收的庞杂信息，进行加工整理，从而变成了你自以为独立的各种观点与看法，甚至内化扎根于你的大脑，成为可与先天本能共存争锋的思维与行为习性。

不经意间形成的思维与行为习性，缺乏系统整合，随意即兴，自动自发，易引发内在纠结、冲突。在你决定要创业，要发展，想转型，想创新，打算进入新领域、新市场，以及对决策及其后果进行评估时，是否经常内心打架、举棋不定？这到底是为什么？

解决以上问题，需从觉悟无知、放空习性入手，通过梳理潜意识中各种相互冲突、碎片化的观念、想法、做法，从而超越简单的认知模式，以综合感知、思维、行动，构建系统整合、情景适应的灵动决策机制，这是本书讨论的智慧决策行思模式根本之所在。

为此，本书分为四篇，围绕“放下自我、创造价值、知止不殆、与时偕行”四大智慧主题，运用觉悟无知之根本手段，通过修炼决策者的潜意识“心意行”，开启智慧决策之行思模式，为企业应对无常无知环境，实现持续生存发展，提供思维与行动指导。

具体地，第一篇“放下自我”，探讨“不猜不预设”“无知无不知”；第二篇“创造价值”，关注“贡献在外部”“顺势而不争”；第三篇“知止不殆”，聚焦“凡事皆有度”“底线不可违”；第四篇“与时偕行”，讨论“共创出奇迹”“反脆活久远”。

第一篇

放下自我

——主体

当下时代，喧嚣浮躁，变化无常；物欲澎湃，激情横溢，理性散落。资本潮动，热点不断，虚拟漫天；认知革命，人工智能，让人心乱。诚如狄更斯所言：“这是一个最好的时代，也是一个最坏的时代。”它会让人奋发、向上，也会使人贪婪、疯狂。

泡沫澄清，繁华落尽，返璞归真；拨云见日，过好人生，还凭智慧。想一想陶渊明的“结庐在人境，而无车马喧。问君何能尔？心远地自偏”，不知能否重新唤起某种沉积于内心深处的情怀，让人复归宁静、平和与自在，从而生发出无边的决策智慧？

决策智慧，关乎企业与人生经营之根本，需要修炼，难速成。智慧的历练积累，只能凭磨砺感悟渐成，所有的慢反而快，所有的快反而慢。智慧，扎根于人之自性足具的圆明“本体”，却易被虚妄幻想的膨胀“自我”所遮蔽，从而让人变得决策狂乱执迷。

"自我"，时刻追求成功，希望证明自己，获得社会认同；为各种欲望所主导，让人终日奔忙，烦恼不断，却不自知。成功的"自我"，自以为是，线性思维，惯性行动，自欺欺人。"自我"实际上就是人们脑中流转的意念，既生生不息，又虚幻无真。

古人云："胜人者有力，自胜者强。""自胜"并不是要打败"自我"，因为"自我"的好胜心超强，永不言败。战胜自我的关键在于，放下自我。只有放下自我，你才有可能真正做到，以纯净的平等心看待世界，从而自然彰显本具的智慧决策行思模式。

本篇放下自我，分为两章：第 1 章不猜不预设，学会没有成见、不加评判地观察倾听；第 2 章无知无不知，学会探索性、建设性地行动思考。洞察事物本原，开拓创意行动方案，这是全书的行思方法论基础，将贯穿于本书的后三篇"创造价值、知止不殆、与时偕行"。

第 1 章　不猜不预设

除非你忘掉自己所有的希望、理想和标准，全神贯注地倾听，否则，你不可能洞察真相，认清事实。

——马斯洛

智慧决策，需要了解落地情况。为了获得没被人们主观扭曲的源头信息，必须秉持纯净平等心，不加评判地观察倾听，以透过事物的虚幻表象，认清其本来的真实面目，做出反映事物因果规律的决定，采取行动将决定落实到位，从而自然达成预想的结果。

当你主持决策论证会时，是否希望听到更多意见，以利规避决策陷阱，让决策考虑能够更周全？希望听到各种不同意见，获得更全面的决策信息，这是你召开论证会的初衷。“今天的决策很重要，请各位发表意见！”你一说完，与会者瞬间变得一片沉默……

你的有意识提议，并没有得到回应，你知道为什么吗？古人说：“行有不得，反求诸己。”在听到不同意见时，你的习性反应有着怎样表现？你是否会马上反驳？与提出意见者争论，希望能争出个是非对错，分出个真假优劣。你在多数情况下，是这么做的吗？

你的争论、反驳，依据的是什么呢？你是因为想了解更多情况，希望听到自己所不知晓的信息，才召集大家开会的。有人提出不同意见，给出你没有注意到的观点，正好符合你的论证会初衷，你怎么又会加以反驳呢？这是否表明，你压根儿就不想听意见呢？

在你的有意识中，很想听意见；但无意识表现，似乎不想听意见。你认为，是这样的吗？你参与会议争论，争辩到最后，谁胜出的多？读到这个问题，你是否自我感觉挺不错？似乎每次争论，最终总是你获胜。你是凭什么获胜的呢？是你把握了事物真相？

这是否表明，在决策论证会前，你心中早有主见，根本无须听意见？真理，表面上掌握在权力者手中，实际上却存在于众人的心里。每遇争论，都是你胜出，好像真理一直站在你这边，是否有点不寻常？你年长资深或位高权重，会不会大家无意中让着你？

遇到不同意见，马上就反驳，而且总想证明自己对，这种不假思索的习性反应，若出现在决策者身上，自然就会引发人们的习性回应——这就是觉得没必要发言，发言等于是自讨没趣。由此看来，前面提及的遇到论证会，“一片沉默”，似乎不偶然。

为了听到不同意见，获得事物真相，关键在于放下成见，不加判断，不做过滤，全然接纳。秉持纯净平等心，采取“不预设、不猜测、不评判”的做法，可以消解习性反应，去掉无意中存在的分别心，以对决策所需的信息，不加主观杂染，纯净观察倾听。

空杯不预设

空杯，倒掉有形的杯中水，看似比较简单，但却需要突破无形的行思习性，从惯常的增加杯中的水，变成减少杯中原有的水。作为一种隐喻，习性就代表着一种过往历史的沉积。习以为常，会阻碍新的智慧决策行思模式生成，这是空杯所遭遇的隐形障碍。

预设，是内置于潜意识中的各种知识、经验、技能等的总和，它帮助我们自如应对各种复杂情况，不必时刻紧张，思考担心下一步该怎么办。预设只代表过去有效，不等于今后一定可行。面对无常变化，未来充满不确定，智慧决策必须做到“不预设”。

预设是什么

听到不同意见，你想马上反驳，请先暂停一下，稍作思考，反驳到底凭什么？为什么？你的“反驳”念头，是不是代表了一种判断？这种判断是从哪里来的？是不是出自你的过往经验或习性反应？你所依据的，是属于事物的本来？还是仅仅主观预设？

有时，你会觉得，自己看到了别人没有看到的情况，掌握了比别人更全面的信息，有必要对别人的说法加以纠正。你是否知道，别人对此是怎么想的？有没有别人看到而你未知的情况存在？你抱纯净平等心，不加判断，认真倾听，会不会让人更愿发言？

历史不会重复，都从当下重来。企业或人生经营，往前走均是新路。放下自我，空杯不预设，才可放下包袱，潇洒无羁前行。面对无常变乱新情况，有时看起来曾似相识，就想借鉴过往经验，过去怎么办，现在仍然怎么办。实际上，此时就已陷入预设。

有人说，曾似相识，也就是曾似不相识，这是事物的一体两面。只注意事物熟悉的一面，就易忽略陌生的另一面。我们喜欢熟悉，期盼熟悉，无意中就会忽视与排斥不熟悉。如此若遇陌生事物，就会以心中期盼当实际，将陌生看成是熟悉，并按熟悉的办理。

预设，有分别心，才会区别熟悉与不熟悉。问题在于，区别的依据是什么？依据的本身又是怎么来的？我们现下做判断，所依据的必然是过往的知识与经验。面对不连续变化，过往是过往，未来是未来。从过往能推知未来吗？看着倒车镜，能往前行车吗？

按过去的经验或知识预设未来，凭自己所掌握的片断信息，主观预设别人所了解的情况，并据此进行选择性的倾听，显然无助于对事物真相的了解。由此看来，只有空杯不预设，才可让人真正放下自己过往的知识与经验的包袱，免除成见、偏见与执念。

专注不预设

空杯，倒掉杯中水，想到，做到，较容易。空杯，不预设，隔离心中预存的各种念头，不容易。这正是王阳明所说的，“破山中贼易，破心中贼难”。心中贼，涉及了隐秘期望与看法，决策者甚至根本就不能自察，更不用说如何清空，怎么排除其干扰。

尽管预设无所不在，只要不评判，就可使其自行消失。识别预设不容易，可以采取另一种做法，就是专注当下，保持清醒意识，努力做到对所感知的一切不做任何判断，就只是观察它，感觉它，但不评判它。如此封存一切成见，自然就可消除预设影响。

有预设，做评判，我们就会受角色、情境影响。例如，是作为当事者，还是观察者，或是反思者，即使对于同一事物，看法就会有不同。不预设，不评判，只需保持开放的无知心态，就可获得始终如一的事物本来信息，且不必切换频道，费心考虑相机抉择。

作为当事者，为繁忙事务所拖累，难有时间冷静思考。面对新事物，多凭无意识的即兴反应，按习惯的思维与行为方式做响应，其中可能存在行思定势，如不拐弯的线性思维、不掉头的惯性行为等，且不易自察。作为观察者或反思者，其做法则会大不同。

无知与有知

从无意识的角度看，在你感觉到自己对情况不了解，也就是真的无知时，是否更有可能不太会有成见与预设？你的杯子确实是空的，保持无知的空杯心态，是否容易做到些？一旦你对情况非常了解，似乎看到自己的杯子是满的，还能保持空杯心态吗？

秉持“无知”心态，做到不预设，当你真感觉到对事物不了解时，相对比较容易；当你感觉自己对事物很了解时，就有点困难。对于决策者来说，做到自觉“有知”仍能不预设，需要修炼。需看透，表面上的满杯，其背后可能也是空，即虚幻的不合时宜。

不预设，不判断，自然可以听得更全面。当你有预设，自以为有知时，多听不进不同意见，结果反而会无知；而自以为无知，谦卑聆听，才听得进各种意见，结果反而会有知。无意识中，因为有知，反易自满，变无知；由于无知，虚心学习，却成有知。

据说，美国企业界流传着这样一句话："要想搞垮一个公司容易，你只要向那里派一个有 40 年管理经验的总管就行了。"经验丰富者，容易有思维定势，更可能变得故步自封，从而难以自我突破，这不仅在企业界如此，在学术界、政府机关，同样也是如此。

"无知无畏"，后果严重，出现这种情况的原因，并不是人们意识到"无知"，而是人们潜意识中觉得"有知"，这才会"无畏"。就如面对各种天上掉馅饼的机会，许多企业就因为看不到其中所潜隐的陷阱，以为自己一切能搞定，才容易掉入深坑难自救。

实际上，面对无常环境，只要人们潜意识中觉得无知，对未来走势心怀疑虑，必然会产生搞不定的预感，其有意识的思维与行为，自然就会开启小心谨慎、摸索前行的学习模式，如此当然就不会贸然拍脑袋决策了，除非是受激昂环境的影响而致即兴冲动。

无预设提问

打破预设，放飞自我，有时只需换角度，就可开放思维。例如，当你感到灰心丧气，觉得做事没有意思时，不妨自问：“有没有更有意思的事情可做？”有时你可能会发现，做其他事情更没意思，由此获得反证，做当下要做的事情，可能还是不错的选择。

不预设，多提问，有助于决策者更全面了解情况，从而做出更为恰当的决策。有预设的提问，通常隐含了是非对错的判断结论。例如，你为什么要这样做？如此质疑，易激发情绪对立。不预设提问，从承认无知出发，向有知开放探索，促进信息平等交流分享。

好问题可以引出解答，差问题引不出所需的解答，回答了也无助于问题的解决。例如，面对自己不懂的业务，能够放下自我，承认自己的无知，诚心向别人请教，“您有什么建议？”对于别人给出的建议，认真倾听，积极采纳，这样，或许就易找到解决办法。

具体地，不预设提问可分两类：一是，对事实提问，例如，你对此事还了解什么？你认为还有哪些做法？二是，对前提提问，例如，你如此看待此事，基于什么考虑？你是从哪个角度出发，得出这样结论的？回答这些问题，将有助于获得更多的决策信息。

再如，听到与自己相左的观点，可思考：为什么别人有如此不同的看法？是基于什么视角提出的？值得借鉴的是什么？其合理性表现在哪些方面？是否其中忽略了什么？哪些方面还可补充完善？怎么表达可更准确、无异议？具体改进建议有哪些？

通过提问，可以了解别人所隐含的决策预设。例如，对于“你为什么要做这件事呢？”若得到的回答，采用“因为……”的句式，所揭示的就是历史依赖，过去导向预设；若得到的回答，采用“为了……”的句式，则描述的就是目标驱动，未来导向预设。

提问与换位

摆脱思维定势，探究事物背后的假设，有时可用强制换位思考。例如，对于公司转型，有时因为情感难割舍，让人犹豫不决，此时若自问：“若换一位新总裁，估计他会怎么做？”也许就能跳出自我设限，认清事态本质，发现必然趋势，找到合适做法。

再如，在讨论公司如何做大时，若先问一下为什么要做大，或许可以发现，做大并非当下必需，当下更需做的可能是，如何夯实业务基础。在考虑如何实现快速成长时，若先问一下速度是否竞争关键，成长是否优先事项，也许可以发现新的思路与方法。

借助提问，了解信息，征询方案。此时，参与问答的各方，需要警醒，以防无意中出现另一种预设，这就是听过意见或者提了意见，最后必须照办，否则就总觉得心中不爽，似乎自己的努力，没有得到认可。如此思考，会使各方关系在无形中变复杂。

问答交流，重在过程，弄清情况。智慧决策，仍需综合考量，依据事物因果真相，最终做出决断。提出建议者，不要有必须被采纳的预设；听取意见者，无须抱全面接收的想法。有期望，有努力，说过、做过就放下，对结果需随缘，如此才不致迷执、失望等。

常见的决策论证会，领导提出问题，希望头脑风暴，找到更好的解决方案。下属们积极响应，大胆发表意见，此时却发现，领导屡屡插话，为现有方案争辩，似乎心中早有定见。结果会议开得虎头蛇尾，从领导舌战群雄，到下属不再开言，最终草草收场。

类似这样组织的诸葛亮会，现实中非常多见。开始于有意识的希望广开言路，更多听取各方意见，终结于无意识的心理预设，不断地为现有方案争辩。终止这种无意识对于有意识的背离，只需注意不预设、不争辩，多倾听、多观察，坚持如此，当有长效。

谦卑与自信

查尔斯·汉迪指出："伟大的领导者似乎既需要自信，也需要谦卑——要敢于承认自己也会犯错。"海尔的张瑞敏强调自以为非，华为的任正非倡导自我批评，这些都传达了同样的意思，防止自以为是。毕竟决策者身居要职，若过度自信，易盲目拍板。

勇于承认自己的不足，显示了真正的自信。自信，会对人的信心、心态、精神、行为产生积极的影响。例如，如果你相信你会成功，你便会积极努力，想方设法，甚至越挫越勇，百折不挠。如此心态与行为，正是因为你的诚心投入，成功自然易伴随到来。

如果你觉得自己会失败，你的信心、努力、行为都会相对变消极，失败自然也就容易找上门。人们所说的“转念即转运”，这其中所隐含的前提，或者说“预设”就在于：有些所谓的成功，事在人为，可凭辛勤投入干出来。显然，并非所有的成功，均如是。

有些成功，涉及众多复杂要素，并非投入就可成功。企业经营，涉及市场竞争，若全行业产能过剩，则大家越努力生产，可能就越亏损扩大；人生发展，涉及成长环境，外部机遇，同样付出努力，并非人人都可实现梦想。对各种“心灵鸡汤”，千万不要太当真。

前瞻不猜测

卢梭认为，“人生而自由，却无往不在枷锁之中。”有句老话说，“我们都是自身经历的囚徒。”这枷锁与囚笼，就是人的“有知”，如过往的知识、经验、思维、行为等，进入了潜意识，变成了不由自主的自发习性反应，作茧自缚，成为了前行的绊索。

阻断过往“有知”对于把握与理解事物真相的影响，可以采取“不预设”的方式。对于“无知”，可以采取“不猜测”的方式，以防止自以为是，盲目决策。不经意间，人们常会使用“我觉得……”“我认为……”等句式，这里反映了就只是一种主观推测。

不猜多尝试

企业决策中，考虑市场定位，涉及顾客需求；考虑竞争对策，涉及同行响应；考虑产业发展，涉及上下游关系。情况复杂，看不清，道不明，此时可以大胆尝试，摸索前进，但切莫凭主观猜测，盲动激进。未来多变化，充满不确定，前瞻不能凭个人猜测。

在变化的环境中，未来不知道、不清楚、不确定，也许更好的态度与做法是，多摸索，多试探，多观察，多倾听。如此边干边学，在行动中看清情况，再做进一步行动调整，如此步步为营，稳扎稳打，不断推进，方能尽可能减少主观臆测对于决策的不良影响。

例如，对新产品的市场前景做分析，实际上人们心中并不清楚，就没有必要费时内部做讨论，讨论的发言也多是出于主观猜测。此时，可以直接找潜在顾客聊一聊，或者到潜在市场做一做销售测试，如此通过实践试探摸索，或许要比简单的事先会议讨论更有效。

看不清顾客需求时，不要猜顾客需求。许多情况下，市场需求不是计划出来的，你只有去试，才会发现潜在机会与威胁到底在哪里，最终明白市场定位是什么。与人交流，不要自以为是，无意中预设自己能猜透别人接着想说什么，这样的预设，大多不靠谱。

前瞻不猜测，多找知情者了解情况，找潜在的顾客征询意见。在交流中，你不可能猜出别人接着会说啥，就只能耐心地听别人把话说完，若遇没有听清的地方，接着再问。对话，最好学苏格拉底，当思想的催产婆，通过适当提问，助人助己厘清原本存在的想法。

思想的催产婆，自己并没有想法，却能助人提出想法。开放性的无预设提问，可让人打开话匣，尽情表达想法。为此，一是要认真当好听众，表示尊重；二是不要随意插话，打断对方。决策者若能做到如此，即使自己不清楚情况，也可找熟悉情况的人了解。

猜测需论证

倾听过程，需要适当回应，此时不能预设标准，凭猜测指责别人。有时，作为领导，事务繁忙，听人说话，少有耐心。下属刚说完上半句，就会凭个人感觉，猜测其下一句可能说什么，再用预设评判其没必要，因而马上打断其表达，指出问题，给出建议。

如此方式，处理事务，多属于无意识反应，看似快速高效，实则潜隐问题不少。回想一下，你只听了上半句，是怎么猜出下属下半句要谈什么的？按经验，按直觉，按逻辑？但都不是现实，只是猜测。即使我们自己，说了上一句，有时都会忘了下一句。

对话是一个情境化的过程，只有听过了完整表达，才能弄清言者的真正意思。不轻易打断别人的表达，可阻断潜意识的预设与猜测，以免被自己的习性所误导。做到这一点，对于提升重大决策质量，尤为关键。面对新情况，猜测多无效，切忌主观猜测。

猜测，以自己所想，推测别人所想；以过去所知，推测未来发展。面临变化环境，这样做易出错。不凭猜测下结论，但可大胆假设，小心求证。当你提出一个看法，有人表示异议时，不妨先认同其观点，也就是接受其假设，然后再反过来仔细加以论证。

例如，某企业集团有许多下属公司，其产品的市场占有率，在相应的细分市场中超过 50%，但这些公司的高管在谈及市场占有率时，却认为最好不要超过 25%。当细问不能超过的原因，是否市场卖不动？是否渠道有问题？……得到的回答，均说不是的。

当接着再问，既然如此，那么你为什么觉得不能超过呢？被问者突然醒悟，这市场占有率似乎是可以超过 25%的。如此打破人们心理预设，防止凭主观成见猜测市场，从而突破思维与行为定势，所运用的就是反向排除法，先排除各种前提，再推翻最终结论。

在上例中，基于该公司的实际情况，将“不能超”的所有可能前提假设，通过提问的方式，让对方在回答中逐一自行否定，从而自然导出“可以超”的逻辑结论。在企业的上下级对话中，若能注意如此操作，当可帮助消除预设与猜测，形成决策共识。

后来的了解表明，许多高管之所以会出现“不能超”预设或猜测，只是因为他们共同参加过一个营销培训班，讨论过的一个案例，涉及成熟饱和市场，其中有“市场占有率一般不宜超过 25%”的结论。前提改变，结论不同。离开前提谈结论，很容易出现谬误。

承担不解释

平常人们都有根深蒂固的习性反应，会根据自己的经验与知识，对各种事物做预设或推测，一旦形成看法，旁人试图改变就很难。如何应对这种情况？非常考验决策者的担当与智慧。故事说，有个寺庙，藏有一串珍贵的念珠，仅老住持和 7 个弟子知晓。

一天，老住持突然说：“念珠不见了。”他问 7 个弟子：“你们谁拿了念珠？只要放回原处，我不追究，佛祖也不会怪罪。”弟子们均摇头。7 天过去，念珠依然不知去向。老住持又说：“只要承认了，念珠就归谁。”又是 7 天过去，还是没有人承认。

老住持表示很失望，“你们明天下山吧。拿了念珠的人，如果想留下就留下。”次日，6 个弟子收拾好东西，走了。有一个弟子留下了，老住持问他：“念珠呢？”弟子说：“我没拿。”“那为何要背个偷窃之名？”弟子说：“免得大家再相互猜疑。”

留下的弟子继续说："有人站出来，其他人方可得解脱。再说，念珠不见，佛还在呀。"老住持笑了，从怀里取出那串念珠戴在了这名弟子手上。说不清楚时，不说！能承担，能行动；能化解，能扭转；能想自己，能想别人。这是智慧，比说清楚更重要！

许多情况下，决策的落实没做好，都是由于缺乏真正的担当者。对于决策者，要将责任在我，当成基本要求，自觉承担，责无旁贷，不找借口。冷静想，人们都知道"我能改变的只有我自己"，但不经意间，人们更多地是想"改变他人"，而不是自己。

期望与失望

期望一旦变成信念，就将产生成见，再也难以客观面对新信息，尤其是反面意见。如此习性反应的好处在于，可以消除内心的认知失调：相信这样，却出现那样的现实，内心会有不爽。索性否认与信念不符的事实，将其看成不存在，内心自然就"和顺"了。

期望，特别是过高的期望，一旦超越客观能力与条件，就难真正实现，容易引发失望。减少对于他人言行的厚望，多凭自身努力创造；对于后果多抱随缘心态，毕竟你以为的，并不代表就真的会出现如是情况。把期望降低，将依赖减少，或许会过得更好。

每人心中都存有不易自察的隐秘期望。当事情按照期望，进展顺利；当人们按照预想，行动到位，你可能不会意识到有什么特别，好像一切本该如此。而一旦出现与期望、预想不同的情况时，你内心深处就会冒出不如意的念头，从而自动激发出情绪反应。

现实多见的车怒、各种怒……转念之间，都是人家的错，相互指责、争吵，结果导致事态升级，甚至冲突到不可收拾的地步。正如王阳明所指出的，“致良知，事上练”，这代表着真正的智慧，而未经实践历练的知识，不足以自如应对生活中的各种问题。

预设与猜测

不猜不预设，就是不要用过时的预设与主观的猜测，代替对于现实真相的探索，以尽量实现对于事物本来面目的客观把握。例如，领导主持会议，若先发表观点，就更可能得到迎合式发言；而若先提出问题，让参与者发言，就更可能听到更多的不同意见。

猜测，想真猜出别人的预设不容易，但却可以通过试探，了解到别人的预设。甲、乙等一众朋友聚餐，甲拿菜谱点菜，由于备选方案很多，常在同类菜中犹豫不决。乙见此情景，不时在旁边提建议。结果发现，只要乙一提建议，甲就能够很快做出选择。

这种情况很常见，有时你只需随意答，问者自会做选择。例如，

A、B 两款衣服，顾客犹豫不决，店员说："选 A 款吧！"顾客马上说："还是 B 款吧。"再如，妻子问："是做丝瓜汤，还是番茄汤？"丈夫答："番茄汤。"妻子接着说："还是做个丝瓜汤吧！"

类似以上例子，揭示了在人们有意识思考中，似乎没有明显的选择倾向，但在潜意识中却存在着确定的判断，这就是决策者难自察的预设或定见。这种潜隐的偏好，在重大决策中也存在，它妨碍了对于不同意见的接纳与考量，使得决策者陷于成见而难自知。

唱好与唱衰

对于宏观经济走势，受众多市场参与者反身互动的影响，带有内在不确定性，实际上根本不可预测。世界各国，尽管多有各类专家，就是搞不定经济，大致每隔七八年，金融危机就会重来。但现实中，不时总会有貌似专家的人站出来，指点江山，猜测未来。

现实不可能静止不变，未来变化无常，但总不外乎几种情况，或者向下，或者向上，或者相对稳定。只要足够多的人参与猜测，最后就总会有人跳出来，说是当初自己如何高明，提前预见到走势等。此类"专家"，就只是满足了人们对探索未来的好奇心。

从对人们的心理影响看，各类唱衰的、唱好的、唱平的专家中，似乎唱衰的专家最吃香，其做法也最稳妥，因为这在无意识中，正好符合“生于忧患，死于安乐”的古训，体现了“想要活着、活好、活久，就先得保持稳健、平安、不死”的人生大智慧。

试想一下，对于普罗大众来说，唱衰会让人们降低对于未来变好的心理期望，这样当实际出现的情况并没有预想的那么糟时，人们无意中就会收获更多的意外惊喜。显然，如此一来，似乎在无意中就增加了人们的幸福感。反之，唱好的结果，易引发失望。

由此可知，唱衰的专家，只要脸皮足够厚，就可一直唱下去，反正不会出人命。但唱红的专家，就需当心了，你把别人的心理期望提高了，一旦现实并非如预测，失望之情若严重，绝望会让人情绪失控丧理性。现实就有“专家”为公司站台，后来屡遭围攻。

无论对未来唱什么，预测结果都不准，就是各种不靠谱。如果想当预言家，唱衰悲观论，似乎总比唱好乐观论吃得开，这其中还涉及微妙的公众逆反心理。唱衰现实，似乎有点反潮流，让人觉得思想更独立；唱好现实，易被看成顺当政，似乎思想不独立。

这也难怪，现实多见受民众欢迎的悲观论者，却少有同样受欢迎的乐观论者。作为决策者，要对行动后果承担责任，无论悲观或乐观，千万别轻信、偏听，以免变成无意识的预设或猜测。正确看待悲观论，可增忧患意识；谨慎吸纳乐观论，可树行动信心。

客观地说，未来不可预见，猜测不等于现实。诚如德鲁克所说的，管理者不预测未来，而用行动创造未来。故事说，从前有兄弟俩，哥哥出家当了和尚，成天不停地静心念经拜佛；弟弟在家做泥瓦匠，整天辛勤地专注砌砖垒墙。有一天，哥俩碰到了一起。

弟问哥："你老是口中念念有词，究竟为什么？"哥答："我指望有朝一日，能从人间升入天堂！"哥问弟："你总是一天到晚忙忙碌碌，又是为什么？"弟答："跟你相反，我坚信总有一天，能把天堂'搬到'人间！"信念与行动，会相互印证，自我强化。

无知与智慧

庄子曰："吾生也有涯，而知也无涯。以有涯随无涯，殆已！"这说明了一个事实，人之精力有限，与其不断追求有知，不如接纳现实：承认自己的无知，自在地活在无知中。现代科学的发展，信息膨胀速度远超大脑加工能力提升，更印证了如此做的必要性。

如果将人之所知，比喻成一个球的内部，未知就代表了球的外部，那么，随着球体的增大，所知与未知的边界就会扩大，我们可能感知到的无知领域也会随之放大。注意到球外世界之无涯，可见人所已知的东西，相对于未知的东西来说，是多么的微不足道。

认识到自己本质上的无知，是最大的智慧。具备这样的智慧，可真正体会"前瞻不猜测"的客观必要性。"未定之事少言，难言之秘勿测”“未明之势，不可臆也”“面对巨大的不确定性，预测是傻瓜的游戏”，这些古今中外的说法，指明了同样的道理。

预设与猜测，有时只是人们渴求与欲望的变形。例如，面对复杂多因素决策，未来结果很难事先预料，此时，人们无意识中就常常倒果为因，先有结论，再找依据。不管是很想做，或者是不想做，最终都会找到理由的，如果找不到，甚至还会随意地想象编造。

智慧决策，不能基于想象与编造，需要了解有关事物的真相全貌。从局部，不能推知全局；从当下，不能确知未来。以出世的心态，旁观思考；以入世的行动，亲历实践。如何做到这一点？不能只停留于概念论证，原则争吵，而需目标导向，做出东西来。

比方说，谈论企业转型升级，若关注未来经济趋势，新兴产业及走向，也许去问十位专家，可得到数十种说法，即使反复论证，也很难达成共识，因为未来不可预料。但若专注当下企业实际，结合企业实力，聚焦可采取的行动对策与路径，或许易找到出路。

最近一些年，随着我国经济的发展，对构建中国本土管理学，管理学者们的讨论非常热烈。立意均很“高大上”，有基于逻辑推演，有出于实践归纳；有站在哲学高度，有立足企业案例；有肇始西方理论，有扎根中华文化……只是争论归争论，创新归创新。

就如，制造桌子，学者们热衷于桌子的概念，中国特色的桌子，中西兼容的桌子，借鉴西方的先进桌子……实践者，无暇讨论概念，专注于如何做出一张张桌子。做出的桌子多了，大家自然就会知道，各有特色、风格迥异的众多桌子，可满足市场的多样化需求。

减少无谓的概念争论，专注于做出真正的桌子。不讨论桌子是什么，不争论桌子怎么做，允许各人按自己的不同看法与想法，先集中精力做出桌子。这里涉及的就是“观照不评判”，不按经验预设，不按成见猜测，允许“八仙过海，各显神通”，扎实做事。

观察、观想，映照、照相，体现的都是客观、旁观的视角，有助于更好地把握事物的本质，抓住其中存在的规律。观照不评判，无形中也体现了事物发展的去中心化、去权威、多样化繁荣之本质。做出了各种各样的美妙桌子，人们的自主选择才有真正的基础。

观照不评判

前面讨论的“空杯不预设”与“前瞻不猜测”，有助于把握事物本质，做出智慧决策，以防止过往经验、知识、信仰、观念等期望与成见，在无意识中可能产生的干扰。下面讨论的观照不评判，有助于放下分别心，做到以纯净平等心，看待所发生的一切。

观照，就是观想、映照，如镜子一样地如实反映事物本原及其变化。不评判，就是开放心态，专注于当下，全然接纳各种行为与事实，不带预设与猜测，不作任何习性反应。显然，这样获得的观察信息，是没有主观染污的，可以作为智慧决策的依据。

不评判，可以阻断内心可能生起的分别心。没有分别心，以合一不二的眼光看待世界，对立面不再是对立面，而成为了我们认知与了解事物整体的媒介。祸福相依，幸与不幸，对与不对，是与不是，均可被当成整体的不同侧面，能够被纯净完整地感知。

接受完整而非人为过滤的片面信息，对于做出智慧决策非常重要。章诒和指出："幸与不幸，是你手上的一双筷子，缺了哪一根，都吃不下人生这碗饭。"就如经历过不幸的人们，才会感受到幸福的珍贵。只有看清事物的全貌，才可明白其中隐含的因果本原。

认可与倾听

社会流行的私董会、行动学习、心智模式、世界咖啡馆、正念领导力等培训，都涉及最为核心的决策智慧的开发，即观察分析以及创造性解决实践问题能力的提升。其中最为重要的就是，希望学会并形成习惯——没有预设的提问，不加评判的观察倾听。

任何评判，都隐含着某种预设，即使是正面的表扬也不例外。在微信朋友圈中，曾见消息：妈妈对孩子说，你最近进步很大，及时完成作业，早上起床不哭了，我要写下来，告诉班主任老师。孩子说，起床不哭就别写了，免得老师知道我以前起床会哭。

许多情况下，人们参与交流，下意识地会关注，如何表现自己，让人认可自己，接纳自己的观点，而不是观察别人，通过了解别人，理解别人的观点。这一点，在虚拟空间的交流中亦存在，在各种聊天对话中，多见高谈阔论的发布者，少见诚心诚意的倾听者。

冷静时，人们能够认识到，激烈争论的效果不太好，通常是“赢了争辩，伤了朋友；输了争辩，丢了面子”；异见代表了真正的新观点，更应该认真对待，好好地学习理解。但潜意识中，人们还是听不进与自己相左的意见，更希望说服别人接纳自己的观点。

作为基层员工，常向主管汇报工作，争取领导支持，以获更大发展，汇报交流的出发点主要在，怎么让领导听进自己的意见，也就是如何说服对方接纳自己的观点。一旦成为领导者，对于这样长期形成的无意识习性，若无自我警醒，更未加调整，将十分有害。

作为领导者，需更多学会倾听，而不是说服。身处高位，周边少有人会挑战权威，更多见到的是顺从献媚者，此时你想说服谁，似乎都办得到。领导者对此若不自知，加以警惕，就易自我陶醉，口才变好，听力变差，根本听不到、更听不进不同的意见。

尊重不评判

故事说，国王亚瑟被俘，被要求回答一个难题，如果答得出，就可重获自由。这个难题是：“女人真正想要的是什么？”亚瑟征询身边的每个人，没有得到满意的答案。有人告诉亚瑟，郊外的城堡里住着一个老女巫，据说无所不知，收费高昂，脾气古怪。

亚瑟去找女巫。女巫答应解决他的难题，条件是要和亚瑟最亲近的朋友加温结婚。看着女巫，驼背、丑陋不堪、只有一颗牙齿……想到加温，高大英俊、诚实善良……亚瑟骇极，说：“不，我不能为了自己，毁了朋友！否则，我一辈子都无法原谅自己。”

加温知道了此事，对亚瑟说：“我愿意娶她，为了你和我们的国家。”婚礼前，女巫回答了难题，“女人真正想要的，是主宰自己的命运。”亚瑟重获自由。婚礼上，女巫表现恶心，加温谦和如故。当晚走进新房，忽见女巫成绝色美女，加温大感惊奇。

女巫对加温说：“我在一天的时间里，一半是丑陋的女巫，一半是倾城的美女。你想让我何时变美女，白天还是晚上？”加温答道：“你说女人真正想要的，是主宰自己的命运。那就由你自己决定吧！”因为加温尊重她，女巫决定全天都做美丽的女人。

我们倾向于用自己的预设与评判，去主宰别人的生活，代替别人真正想要的，还一厢情愿地觉得这是为了别人好，却从没问过别人怎么想。做一个真正受欢迎的人，需要尊重、理解、信任别人，如此得到的往往会更多。对企业经营来说，这同样重要！

有人说：“人，感知到自己的渺小，行为才开始伟大。”或许反过来看，也正确：“人，感觉到自己的伟大，行为才开始堕落。”从无意识的反应看，权力产生腐败，绝对的权力产生绝对的腐败。当你意识到自己的无知、渺小，无意中会变得更尊重他人些。

放下才自在

放不下，有时就只是为面子。“宁要有我指挥的失败，不要没我见证的成功！”“只要按我说的做，就好了！”此类现象，在一些企业中并不少见。对于锐意进取，不守规矩的创新者来说，就有可能被看成刺头。难以为我所控、所用，就是异己，需要排除。

放不下，有时是为心中理想，为了获得社会认同。结果承担太多，超过自身能力，带来无穷的压力。从根本上看，还是因为没看透，觉得“一切似乎都很重要”。从长远及事后的角度看，真正重要的事情总是少数，若只专注做好这些事，或许就可轻松不少。

故事说，有位青年，背个大包裹，千里迢迢赶去拜见大师。他对大师说：“我是那样的孤独、痛苦与寂寞，长途跋涉，使我疲倦到了极点；我的鞋子破了，荆棘割破双脚；手也受伤了，流血不止；嗓子因为大声呼喊而哑……为什么还找不到我心中的阳光？”

大师问：“你的大包裹里装的是什么？”青年说：“对我来说，它可重要了。里面装的是，我每一次跌倒时的痛苦，每一次受伤后的哭泣，每一次孤寂时的烦恼……靠了它，我才走到了你这儿。”于是，大师带着青年，来到河边，他们坐船过了河。

上岸后，大师说：“你扛着船赶路吧！”青年很惊讶，“它那么沉，我扛得动吗？”大师微微一笑，说：“过河时，船是有用的。但过河后，我们就要放下船赶路，否则它会变成我们的包袱。放下它吧！”青年放下包袱，继续赶路，步子显得比以前轻快多了。

在大脑超载的信息时代，放下，不仅是一种心身的修炼，也是一种客观的无奈。不放下各种分散我们注意力的活动，就无法集中精力，专注于我们需要完成的重要工作，更无法做到保质保量。放下，才能超脱，才能免受众多不重要因素的牵累，活出自在。

接纳开视野

有些人以自己预设的标准，衡量现实，评判别人，多有牢骚，看什么都不顺眼，活得极不自在。放下自我，消除预设，改变可以改变的，放下无法改变的，接纳你所拥有的——无论是什么。其实，这是应对现实的唯一可行办法，否则就只会搞坏自己的心态。

面对现实存在的问题，你作为决策者，需思考：如何解决这些问题？找谁解决这些问题？有无其他可行方案，将事情做得更好？别人或有很多问题，你自己做得怎样？曾经付出过什么？对事态的改善，贡献了什么力量？批判指责很容易，担责建设更宝贵。

人受成见、预设影响，无意识中会表现出这样的倾向，这就是：更易看到所坚信的，不易看到所不信的；更会投入所坚信的，排斥投入所不信的。如此一来，自然会导致“信啥有啥、不信不灵”的自我实现后果。这似乎表明，预设有时也可用于实现理想。

“所信的感觉如亲见，只是所见的并非都可信。”就如人们读书，许多时候只是在找知音，希望听到自己的心声，获得会心一笑的效果，而不是了解别人的心声，吸取别人的不同观点。如此隐含预设，书读多了，无意中只会让人更自我，更自恋，更封闭。

读自己熟悉的书，只当听熟悉的老朋友聊天，如此消磨时间，轻松自在快乐。若想通过读书增长才干，有助于提升自己分析与解决实践问题的能力，则必须读有一定难度的书，其领域是能引发自己兴趣，但又不甚了解的，如此才可能拓宽自己的视野。

决策者以无知心态，采取不预设的观察倾听，就好像既可以读熟悉的书，也能够读得进不熟悉的书，如此一视同仁，更有助于了解事物全面的信息，发现其中所存在的真相。如此不预设的观察，就只是不加判断地专注感知，全然接纳所有正在发生的一切。

智慧决策，有时只需知其然，而不必知其所以然。决策者不预测未来，只描述，不解释，用行动创造未来，以最终结果说话。毕竟人在无意识中都是有预设的，未经修炼，不可能放下预设，方案论证，判断选择，易导致“不做决策不吵，一做决策就吵”。

预设，更多受到了过往“所知”的无意影响，主观上会让人觉得自己无所不知，从而妨碍对于事物真相的观察；而争吵所引发的即时“情感”冲动，导致对于自己观点的捍卫，更偏离原本应该进行的对于方案本身客观性的探讨。由此可见“不评判”之重要。

评判与站队

观照，专注当下，如镜子般地照见一切，如旁观者般地不起情绪，从而获得纯净无染的源头信息。不评判，可免无意识中陷入行思被动反应与惯性反射，也就是进入内置默认的“习性反应”模式。观照不评判，关键在于不评判，只要一做评判，就意味着站队。

人一站队，就会出现立场，此时分别心必然生起，是非对错，轻重缓急，各人若有不同看法，就易相互争论，引发情绪反应。西哲有言：“与其裁决两个朋友的争端，不如裁决两个敌人的争端。前者可使朋友之一变为敌人，后者可使敌人之一变为朋友。”

评判，引发站队，导致情绪反应，甚至分成敌我阵线，这种连环影响的作用效果，对于群体决策来说会更大。只要唤醒纯净意识，将注意力专注于当下，保持观照不评判，就可阻断各种评判闪念的干扰，真正做到将不同看法，当成一体多面，以开放心态接纳。

例如，观看两支与自己毫不相关的球队比赛，原本观球就只是观球，可以淡定欣赏各方的球技，也不太会有期待、纠结与不安。但是一旦站了队，选择支持了其中的某一方，就会有情感注入，再难做到观照不评判，观球过程也就不再宁静、平和、自在。

评判，若变成“批判”，后果可能会更严重。例如，批判性思考，原本希望通过明确问题，弄清事实，确定前提，分析假设，谨慎挑战自我及他人成见等因素，以判定一个观点成立与否。但受预设与猜测的影响，可能变成挑刺、质疑别人，却忘了自我反思。

批判性思考，更适合于严谨的科学性论证。对于企业经营来说，可能更重要的还在于行动突破，也许直接提建设性思考更好。建设性思考，主要关注提出更好的解决方案，而不在于找到现有方案的不足。这种注意力的转移，或许更有可能产生突破性创意。

从深层次看，为了弄清事物的本来真相，观照不评判，不仅是指不批判、不批评，而且还指不表扬、不赞美。无论是批评或表扬，都代表了一种他人评价，人一旦在意他人的评价，无意中就会出现抗拒或迎合的情感响应，这样自然也就失去了原有的客观。

例如，有人发自内心，忘我投入创新探索，一旦得到领导的高度赞许，或会产生无形压力，引发同事怀疑或嫉妒的目光，如此可能背上包袱，行为不再如原先那样的自如洒脱。这样，创新动机易被扭曲，不再如初始时那样单纯，结果也就可能因此而出现偏移。

放空与超越

对于模糊不确定的情况，人有着天然的规避倾向，只有弄清了事情原委，心中才会感觉踏实些。只是现实企业经营，影响与决定其成败的因素众多复杂，许多情况下很难说清，是什么因素共同促成了行动，又是什么因素的作用才带来了成功或挫败的后果。

面对说不清、道不明，人们就会运用想象力，进行预设、猜测，然后拼凑出看似因果逻辑严密的故事。人们都知道，决定企业成功的充分条件，根本找不到，导致企业必败的教训却不少，只是现实多见言之凿凿的成功经验之介绍，少见失败原因之自省。

企业决策者，需直面现实。对成功的期待与渴望，容易变成梦想与幻想。想多了，还会产生错觉，变成无意识的预设与猜测，带有这样的心态与立场，应对决策所面临的现实，容易产生真假混淆、有无颠倒，这就好像“假作真时真亦假，无为有处有还无”。

学习新知识，形成新习惯，这是从无到有，一旦变成了有，再放空就极具挑战性。心中装着东西的“有”，又怎么能变成“无”呢？现实中，有人提出“组织忘却”“工程再造”“零基预算”等方法，就是希望对已有的想法或做法，不断“归零”重启。

应对“有知”的挑战，难在心中知道，放不下，去不掉，无法装成不知道，因而也就很难保持真正的无知心态。对此，可以采取将注意力专注于当下，放空自我，不加评判地体验与接纳随之到来的各种感觉，以开启介于有意识与潜意识之间的灵动智慧心流。

在这样的放松不刻意状态中，如实地觉知自己当下的心念与行为，感受通过有意无意的综合所浮现出来的创意想法。这样的想法，既非完全源自有意识的刻意思维，也非完全出自无意识的自由联想，处于一种无意有意、有意无意间，更有可能做到真正超越自我。

第 2 章　无知无不知

智慧，意味着自知无知。

——苏格拉底

放下自我，不能端着架子，需秉持谦卑的无知心态，学会提问，观察倾听，践行改进。提问，是开启我们心田智慧的钥匙。正确地提问，能自然指引我们追寻事物的真相与本质，帮助创生新的想法与做法。这既是智慧决策的前提，也是智慧决策的根本。

上一章讨论“不猜不预设”，通过无预设的探索性提问，运用“不评判”的方式观照人、事、物，以如实了解决策相关要素的真相。本章“无知无不知”，通过启示式的建设性提问，运用“心、意、行”修炼方法，以构建创造性的解题思路与行动方案。

从觉悟无知，有意识地做到“谦卑”“求知”，这只是决策者自我觉悟，开启智慧之门，实现自我超越的第一步，也是相对容易的一步。因为，这是受客观存在的无知影响，让人在无意识中感受到了无知的压力，从而自然而然地产生了开放探索的心态。

在自以为“有知”的情况下，仍能做到在无意识中保持“无知”开放的觉悟状态，这是决策者自我觉悟与超越的第二步。“明白四达，能无知乎？”对于一个有想法、有知识、有经验的人，要在无意识中植入“无知”，从而表现出谦卑的心态，这是大智慧。

“知见无见，斯即涅槃。”现实中的决策者，通常是有着相当历练、知识、经验之人，容易不自觉地认为自己是“有知”者。对于这些人来说，如何放下自我，清空预设与成见，防止过度自信，以迎接新情况，应对新挑战？做到这一点，极具挑战性。

研究表明，一个无意识中可能存在某种歧视、偏见的人，若能使其清楚地意识到这一点，则在其此后的无意识行思决策中，会表现出较少的歧视与偏见。这似乎意味着，通过有意识地提醒自己的“有知”中存在着“无知”，可以让潜意识也变得“无知”些。

在存储着潜意识的心田中，一旦有意识地植入了“无知”的种子，人们就易在无意中变得谦卑些。这有助于开启智慧决策行思模式，排除过往知见观念的干扰，纯净观照当下事物，以弄清其中所潜隐的因果规律。如此一来，也就相当于移除了“习性反应”。

实现“无知无不知”，关键在学会提问。从有意识的“敏而好学，不耻下问”入手，通过后天刻意练习变成习惯，使其渐成自觉行动，当可在一定程度上影响到潜意识。上一章所讨论的探索性提问，本章将讨论的建设性提问，就属这样的潜意识修炼尝试。

思维正反合

关于思维正反合，可以一枚硬币为例来说明。从概念上看，我们任意指定硬币的一面为正，那么其另一面就为反，而合指的就是硬币的整体。只看硬币的其中一面，所涉及的就只是硬币的局部。对局部的了解，无论多么精细，都无法由此推知整体的全貌。

借助于“反”字，进行概念反转，可获得对事物的全面认识，打开新的思维与行动空间。例如，逆向思维，颠倒思维，其核心在于“掉头”看，以克服线性与惯性思维；转向思维，翻转思维，其核心在于“镜像”看，以拓宽视野发现原本易被忽略的另一面。

正或反，都只代表了局部。在认清各种正与反的基础上，做综合思维，才可看清问题的全面。许多时候，人们仅仅因为思维受限，只看到问题的其中一个方面，或者即使知晓了问题的各个方面，却疏于或不擅长于做进一步的综合突破，而难以做出智慧决策。

合，不仅涉及机械式的玩拼图与搭积木等，还涉及有机式的人类基因改造与企业购并重组等。人类的基因改造，很难预见最终合成出来的是什么，是更仁慈博爱的智慧生物？还是性格暴戾的恐怖怪物？企业购并重组，难判购并后整合，怎能知最终成与败？

概念的反转

对人们所熟知的概念做反转，这种方法，操作非常简单，无关原有概念内涵，只需做反向思考，就可从熟知的现有概念出发，直接拓展到可能忽略的反向概念。例如，当众多企业关注产品智能化发展时，我们不妨反过来看，是否存在去智能化的另类市场？

再如，当大家都在考虑产品丰富化时，我们或可反思：通过产品精简化，是否可以更好地满足部分顾客的需要？此类例子，不胜枚举：成长的反向为逆成长，就是返老还童；专注的反转为反专注，就是遍地开花；创新的逆向是反创新，就是经典永恒……

将“反”的方法，从单一概念或维度，进一步推广运用于多个角度或层面，就可达成对事物全方位的了解。这相当于在“反”的基础上，达到了自如旋“转”的水平。如果“反”只是单一方向的逆向思维，“转”就是实现多维度、多意念的逆向思维。

从概念所对应的内涵来看，每做一次思维“反转”，都可扩大出倍加的概念区域。例如，对产品“智能化”与“丰富化”两组概念，进行简单的“反转”，就可获得四种产品组合：“智能化+丰富化”“去智能+丰富化”“智能化+精简化”“去智能+精简化”。

对于思维正反合的“反转”，可以想象我们手中捧着的一个“魔方”或一颗“钻石”，随着手的转动，就能从不同的视角出发，观察到同一整体事物的不同侧面。这大概有点类似佛法所说的，“若能转物，则同如来”，显然有助于达成对事物整体的全面了解。

现实中，人们的思维，很难达到不动心、自如转物的境界，反而容易心为形役、为物所转。例如，企业经营决策，因决策者内心定力不足，身陷市场经济大潮，多受外界热议、热点、热闹、热门话题或事态的影响，结果随波逐流，迷失自我，大起大落。

镜像式智慧

就观察与了解事物而言，我们若能做到心如明镜，就可如实反转、映照出事物的原貌。因为镜子的特点就在于，有什么，照什么，照时留影，去时无痕。若我们的心能达到这样的境界，对于成功或失败，或许就可做到拿得起、放得下，从而真正做到活在当下了。

心明如镜，若是普通的平面镜，就只能映照出一个方向的镜像，给出事物一个方面的反转信息。若将心想象成一个大“球镜”，从中又能映照出怎样的信息呢？应该可以达到四面八方全覆盖。一些道路急弯处，能见到类似的凸面镜，可提供宽广视角的信息。

镜像，对线性思维、惯性行动，做对称翻转，让人看到与常规或习性相反的另一半智慧。例如，追求名利权，翻转可得放下名利权；认知升级求提升，翻转可得归零重启求忘却；成功者所称因果规律，翻转后发现是倒因为果，其所称的规律荒谬不成立……

由反转所得的概念，就如电脑中的镜像文件，它是系统的一种冗余储备，可以用于校验识别原有文件。例如，对于企业经营的根本使命描述，就涉及了对称的两面：从正面看是“求活”，即活着、活好、活久；从反面看就是“防死”，即平安、健康、不死。

企业与人生经营，面临无常环境，通常人们更多关注如何活着，却不太清楚怎么会死，极少注意怎么防死。正面讨论如何活着，似乎观点很多，众说纷纭，莫衷一是；反面讨论怎么会死，似乎有点招人嫌，较少受关注。只有弄清死，才可向死而生，活出久远。

除了生与死，还有成与败，福与祸，有与无，难与易，诸如此类对立统一的概念，本质上都反映了事物内在的整体不二性。人们的思维与行为存在片面性，容易过度关注其中的某一方面特性，而相对忽视其中的另一方面特性，顾此失彼，易致决策带偏见。

反转提问法

思维正反合的“反”，通过对概念、思维、常识、做法、惯例、习性等的反转，发现原本可能忽略的重要因素。特别地，基于启示式的建设性提问视角，如下就是一些典型的互为反转式提问：为什么能赚钱？为什么不赚钱？为什么不做大？为什么要做大？

为什么要……为什么不……你是否觉得……你难道不觉得……你为什么这么看？你为什么不这么看？显见，如此这般的反转式提问，都是带有反常规预设的，不属于完全开放式的提问，它们主要用于突破现有思维或行为的定势，帮助打开新的视野。

反转式提问，属于单边开放式提问，从促进对于事物的全面了解来看，不如完全无预设的探索性提问。例如，当我们问别人：“你不认为……”或者“你是否认为……”时，可能就不如直接问：“你对此事有些什么看法？”更有可能得到无偏的全面信息。

提问，总比停止发问好；停止发问，又比武断下结论好。通过反转式提问，从别人那里寻求有趣的建议，发现与自己原有想法不同的观点，这些都可帮助我们打破习性反应，突破长期形成的线性思维与惯性行为，有时甚至还能察觉到出于基因本能的偏见。

例如，感觉工作太忙：可以反转思考，能否变得不忙？怎么可以不忙些？是什么妨碍了你采取行动变得不忙些？市场竞争激烈，如果不想降价应战，可以反转思考：怎么做可以不降价？不降价需要克服哪些挑战？如此思考，或许可以找到更多的备选做法。

用“反”字去反向、翻转、颠倒、逆变“默认模式”，从没有自察的“习性反应”中觉悟，发现与自己习以为常的思维与行为方式所不同的做法，实现对于自我习性的反动。借助这样的有意识反转实践，有助于增强人的适应力，在应对环境挑战时，更灵活。

安全大于天

逆变“默认模式”，打破习以为常，或许会有新发现。许多在常人看来是偏差、偏颇、偏执的行为，可能正是逆向思维的创新表达，而并非真的就是：自我封闭式的偏执，或者对流行的所谓创新思想的不开放。这大概就是“只有偏执狂才能生存”的真义。

逆变，不等于逆反。逆变，只是为了能够看到事物的整体，不陷入对于局部观点的偏执；逆反，纯粹为了表现自我，显示与众不同，才与流行的“默认”想法或“公认”做法，刻意针锋相对，反潮流、唱反调。逆变，为了打破迷执；逆反，狂热于偏执。

人生或企业经营的成功或失败，为一体两面。社会上盛行“成功学”，为众人所迷恋，有人就强调研究“失败学”。实际上，仅研究成功有偏颇，只关注失败也片面。想多了不利情景，可能就易出现“怕什么就会有什么”，这是心理学的“反向实现律”。

正向看“成功”，必须创造或找到“馅饼”，才能生存。馅饼从何来？需要创造价值，以满足社会各方的需求，这又要求有多方面条件的“保障”。保障是什么？人、财、物不能断流，资源、能力、顾客不能没有。有保障，才能创馅饼；有馅饼，才可强保障。

道理很简单，操作却很难，难在智慧决策。你看到市场前景很好，正在快速增长。这是“馅饼”，机会难得，必须跟进抓牢。产能不足，怎么办？马上拍板，加强产能“保障”。扩产需要大投入，现金流难支撑，怎么办？借钱！到处借、借、借，一切为增产。

可以预见，如此做法的结局：市场因同行竞相进入，企业份额增长不如当初预期；扩大的产能成为过剩，企业现金流枯竭生存维艰。追逐更大的成功“馅饼”，却成了引发失败的“魔障”；快速增产的成功“保障”，变成了导致失败的“陷阱”。为什么？

成功与失败，只是同一枚硬币的两个面。企业经营，不仅要争取成功，这就是“有所作为”：创造价值，创找“馅饼”，加强“保障”；同时还要防止失败，这就是“有所不违”：坚守底线，规避“陷阱”，清除“魔障”。有为与不违，两者都重要，不可偏废！

正向追求成功，要关注活法，考虑“怎么才能活”；反向防止失败，要弄清死法，注意“怎么才不死”。企业基业长青，希望“活得久”，先需知道怎么“活不久”。通过如此正、反论证，自然可以得出“合命题”结论：生存重于泰山，安全大于一切。

逆向鸣警钟

安全大于天，“留得青山在，不怕没柴烧”。这一结论，看似简单，却实在是所有智慧决策的核心。安全，既隐含在创造价值所涉及的“馅饼”与“保障”之中，也反映了坚守底线所涉及的“陷阱”与“魔障”之中，综合了成功与失败两方面的智慧精髓。

企业经营的安全，涉及人身、资金、设计、生产、工艺、技术、质量、信息、法律、政治、道德、合规等所有方面，其重要性不言而喻。对于这一点，可用逆向思考做反证。没有了安全，企业或人生的一切将清零，活着、活好、活久等期望，都将成虚幻泡影。

一心追求成功，容易忽视潜隐的安全问题，而一旦发现问题，往往为时已晚。企业经营的挑战在于，许多看似追随成功的做法，自然伴生着失败的种子。逆向思考，可唤起人们有意识的警醒，防止线性思维与惯性行动，以强化安全意识，降低经营风险。

例如，当人们习惯性地认为，企业发展就是“做大”时，可以问一下：为什么不“做小”？做成“小而美”怎么样？考虑企业转型升级，涉及“进退快慢关并停转”八个字，无意中人们更喜“快进”求增长，此时不妨反思：其他六字的选择，是否会更合适？

逆向思考，出发点不在对现状与惯常做批判质疑，而在于建议、改进、突破，提出更好的解决方案，从而推进工作，取得实效。为此，需要强调对事不对人，若能对此形成共识，即使有时会引发争论，无意中感觉有点“撕破脸”，仍无损于大家的互信与坦诚。

这种互信与坦诚，必须在企业经营决策实践中，事上练，干中学，很难在课堂学习、模拟演练中达成。试想一下，只听到一句逆向反问：“为什么要……”或者“为什么不……”若双方没有交情，会不会在无意中就激起本能对抗，使对话陷入困境。

对于经营安全问题，通过逆向思考鸣警钟，智慧决策关键在于，思考与决定“什么不能做”，而不是“需要做什么”。从企业经营定位的角度看，当面对众多选择时，明确了什么不能做，就可排除许多无谓的干扰，从而让人精力聚焦，专注于当下能做与该做。

公司使命定位，可借助“正、反”思维：从正向命题出发，说明自己是一家什么样的公司，如以经营全方位安全为本；从反向命题出发，说明自己不是一家什么样的公司，如绝不为了一时利润、速度、增长而损及长期经营安全。如此表述，才可完整无漏。

整合与突现

在弄清“正、反”概念的基础上，“合”思维就是要通过对已有概念的凑合、组合、融合等，达成对事物整体更为完整的把握，甚至看到或构建出原先并不存在的东西。例如，拼图游戏，实际上是有目标导向的，利用对无数碎片的凑合，还原完整的画像等。

稍复杂些的积木搭建，则相对自由随意。搭建者虽然心有所想，但可能会随着搭出东西的形态变化，以及可供搭建使用的剩余模块情况，不断调整如何接着搭或就此停止的想法。如此看来，类似积木式的组合，其整个搭建过程，有点体现了边干边学的思想。

更高级形态的融合，涉及认知升级、行动超越。例如，类似生命、社会等有机系统的复合，人类对想法、观点、做法、期望、信念、情怀等的整合，有可能发现或构建出全然不同于其组分的物质或思想。这就是长期积累之创新突破，渐修顿悟之灵感闪现。

创新或灵感的突现，有时只需打破彊界，跨出熟悉的领域，观想此前不知的场景，亲历未晓的不同情况，就能起到打开视野，提升认知与行动境界的作用。例如，知晓不同侧面的观点描述，就会有助于对事物整体的更好把握，让人不再拘泥于局部或偏见。

用“合”思维做创新，将企业经营所涉的多个不同正、反属性，进行重新混搭组合，就有可能获得产品、服务、体验等新构念。例如，有些方面，做点正向强化，即做加法，更投入，更精到；有些方面，则反之，做点反向加强，即做减法，少投入，去功能。

通过正、反综合，若能让消费者获得更好的过程体验，或者可满足市场上不同消费者的需求，则就能够帮助企业重新定位市场。进一步的“合”思维，可能涉及过程历练突破，就如人生一路走过，不经意积攒了许多零星宝贝，猛回头，这才发现已成整体绝配。

“合”的作用，常在不经意间突现。乔布斯曾说过，“所谓创造力，就是把事物联系在一起。当你问那些有创造力的人们，他们是如何做事的，他们会感觉很内疚，因为他们并没有真正创造什么……他们善于将已有的经验联系在一起并整合出新的东西。”

企业转型升级，若能利用长期积累的可满足顾客需要的方方面面、点点滴滴“诀窍”，通过创新综合，打造出更有价值的整体解决方案，为顾客提供更为全面的产品、服务及体验，不也就能在不经意间实现升级，成为顾客问题综合解决方案的供应商了吗？

心意行整合

对于复杂的社会有机系统，无法通过对系统局部的深入分析，推知整体的全面性能或特征。深层的有机综合，如熊彼特所说的创新，涉及生产函数的重构。投入要素没怎么变，产出东西却已全然不同，这是一种全新的综合，一种超越线性与惯性想象的建构。

类似创新重构这样的行思综合，涉及人类终极智慧的提升，需探讨潜意识能力的开发。研究表明，人之“心意行”，即潜意识心田、有意识思考、反射式行为，受到大脑中不同系统的支配，遵循不同的运行逻辑。它们既竞争，又配合，共同构成有机整体。

实现“心意行”整体的有机综合，需了解心田、意识、行为以及相互作用。如图 2-1 所示，头脑清醒的冷静“晨思”，更多涉及有意识的思考过程；无暇细想的忙碌“日行”，更多属于反射式的即兴行为；空闲放松的“夜省”，更多关乎潜意识的心田盘点。

从决策者注意力，即意识的介入程度看：反射脑出自本能，不经有意识思考，行为反应速度最快；思考脑需启动意识，冷静理性，行为反应速度最慢；存储脑通过潜意识运行，意识空闲，行为放松。“心意行”之间，自动无缝切换，构成行思模式的基础。

智慧决策行思模式，基于“心意行”综合。考虑到人之思维与行为，无论是否出自有意识，实际上均受潜意识的支配或影响。智慧决策修炼，需从心田入手。潜意识心田中积攒的资料、信息、模式等，若具智慧，其表现出来的思维与行为，自然会有智慧。

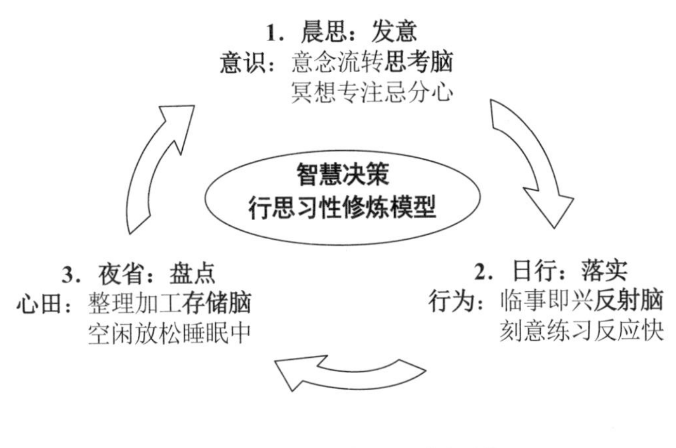

图 2-1 “心意行”运作机制*

打造潜意识的心田智慧，可从有意识思维与行为做起。先在有意识的刻意关注下，慢慢思考，缓缓行动，如此通过实践历练，最终内化于心，外化于行，变成自动自发的快速响应。如此也就实现了有意识构想的智慧决策行思模式，在潜意识心田中的扎根。

---

* 詹文明，《杜老师的一天》，东方出版社，2009 年，第 140 页；特奥・康普诺利，《慢思考：大脑超载时代的思考学》，九州出版社，2016 年，第 2 章。

行动若则否

思维“正反合”，特别是通过反转，找到异于常规与习性的镜像式智慧；通过综合，实现认知升级、行动超越，突现出创新与灵感，如此就可打开人类行思的多种潜在可能性。将打开的思路或做法，真正落实到行动，变成具体措施，还需经过因果逻辑的校验。

因果逻辑，讨论在什么前提下，可以做什么；在前提不符合的情况下，不可以做什么，或者说，需做点其他什么事。这其中所涉及的每一步决策，都嵌入了“思维正反合”的考虑，反映了事物发展的内在规律性，代表了确保决策行动落实到位的操作流程。

智慧决策行思模式的核心，就是在关注“正反合”之开放思维的同时，注意“若则否”之严密逻辑，从而真正做到能“像外行一样思考，像专家一样实践”。这种智慧决策的行思方法，就体现在类似人工智能的核心算法，即“若……则……否……”语句中。

“若则否”运算，可多重循环嵌套。“若”的前提条件符合，采取“则”的做法；不然的话，“若”的前提条件不符合，就采取“否”的做法。在这里，“若”的前提条件不符合，就采取“否”的做法，这两个判断选择，就涉及了思维与行动的“反转”。

人工智能，由机器运作，只要不断电，机器没故障，就能时刻警觉，严格遵循“若则否”指令。人类行为，特别容易背离“若则否”的逻辑，不经意间常绕过“若”的前提考量，直接凭感觉给出“则”与“否”指令，如“我要……”“我不要……”等。

人类的线性思维与惯性行为，其盲区在于，受行思定势影响，决策过程只看到“则”的想法或做法，而根本忽略“若”的前提，忘记了还存在“否”的选项。开放思维正反合，得到多种可能备选方案，进一步加强行动的“若则否”考量，可提升决策逻辑性。

前提与结论

行动“若则否”，关注事物因果规律，既要注意结论成立的前提条件，也要考虑什么前提可导出怎样的结论。现实多见隐含预设的结论，既不说“若”的前提，也不做“否”的反证，只有对“则”的断言，如此掐头去尾、断章取义，即使言之凿凿，仍需警惕。

许多心灵鸡汤式的宣称，类似“只要……就一定……”的断言，从有限局部推广到无限全部，从个案特例推理到普适一切，隐含了思维定势与心智迷执，很难经得起“正反合”的推敲与“若则否”的论证。此类存在隐含预设的结论，基本不靠谱，应特别当心。

企业经营成功，常见经验介绍，引许多人仿效。若细推其成功前提，就容易发现，成功只是个案，根本无法复制。实际上，企业经营，涉及市场互动，依赖于众多因素的作用。仅仅大家都仿效成功经验行动，就会改变这众多因素的本身，决定了经验可能失效。

关注“若则否”，考虑前提条件，需秉持探索心态，善于观察发现新事物。研究表明，具有开放型个性，思想开明的人，更能看到别人所忽视的东西。这样的人，似有特殊感觉，能够感知相互矛盾的事物，接纳互不相容的观点，天然带有“正反合”思维。

常人决策，主要涉及“要……不要……”，有时甚至只关心“要、要、要”，就如“既要……又要……还要……”等。针对这种情况，做行动“若则否”的分析，可思考两个问题：为什么要提出这样的“要”或“不要”？其中隐含了哪些需要具备或创造的前提条件？

例如，有公司提出未来发展目标，希望营收能够实现“十年添个零”，也就是每过十年翻十倍。这个目标，对小企业或许可以实现，对大公司很有挑战。在目标既定的情况下，“行动若则否”论证的重点就在：为实现目标，需具备或创造怎样的前提条件？

从习性反应的“要……不要……”，到探寻与发现因果的“若……则……否……”，有助于从源头弄清，决策的依据是什么。有时没有条件，若能创造条件，就可上；有时具备条件，但没有必要，就不可以上。这种分析，关键在“若则否”本身依据什么。

“若则否”本身的建构，所依据的是什么？此问题，在信息时代，仍是要害，关乎对重大决策的价值判断。例如，企业根据大数据、云计算，了解消费者行为，制订市场对策。对于社会公众及消费者来说，就有必要了解，这背后隐含运用了怎样的规则与预设。

若则否流程

行动过程，时刻关注“若则否”，并通过不断实践强化，直至其成为智慧决策行思模式内置的默认流程。这一流程，涉及前提、做法、反前提、反做法等环节。基于正命题逻辑，既可从前提预设出发，推出结论做法；也可从结论做法出发，倒推出前提要求。

基于反命题逻辑，既可从反前提预设出发，找出反结论做法；也从反结论做法出发，倒推出反前提预设。不断进行这种正反倒转训练，就易发现此前忽略的逻辑途径，打破原有习性反应的线性、惯性等定势，从而生成正反合、若则否的情景化、自适应智慧。

融合“正反合”“若则否”的智慧决策行思模式，本质上属于非线性，对于不确定、非连续的经营环境，具有情景化、自适应的功能。这样的行思模式，内置到潜意识心田，成为人们无意识的自动反应，就可让决策者不仅有创意，也有人工智能一样的严谨。

将行动“若则否”逻辑，扎根到潜意识心田，其过程就如学习汽车驾驶技能。一开始，对于根本没开过车的人来说，即使熟读操作原理，实际操作时仍会不得要领，大脑紧张，手脚忙乱，反应很慢。如此通过有意识的刻意驾车练习，然后才会慢慢地逐渐适应，直至最终能够熟练地自如驾驶。

对于学驾车来说，如果一开始就严格遵循智慧决策的行动“若则否”逻辑，在这里就是安全驾驶操作规范，那么，通过有意识的刻意练习，最终学会的就是安全驾驶技能。否则，不循“若则否”逻辑，不按安全规程，最终形成的驾驶习惯，就会存在安全隐患。

行动“若则否”逻辑的训练，从有意识的缓慢思考与行动开始，逐渐达成无意识的自发思考与行动，最终成为内置于潜意识心田的行思模式。这整个过程，涉及了从陌生的不会操作，到熟悉的会操作，到熟练的自如操作，最后到无意识的自发自动运作。

智慧决策流程，需要基于事实而不是预设或成见进行推论。例如，面对怎样的“若”之前提，可以采取怎样的“则”之行动，不然的话，要有怎样的“否”之应对。如此行动，其关键在于，对前提信息保持敏感，对前提与结论的因果逻辑，保持纯净推理。

例如，在公司决策会中，一旦出现争论，各种口若悬河的雄辩，更多是基于事实？还是个人主观预设、猜测或推断？创意会上，听到反面意见，心中会不会感觉有不爽？为什么？考虑做法，必须明确前提，弄清因果，以防激情争论，为一时妄念或断言所误导。

陌生与熟悉

考虑公司发展，通常会比较关心要做什么、发展什么、做成什么，却往往容易忽略得出这个结论的前提。如果不时刻警醒“若则否”，无意中就会缺失唤醒前提的意识，在观察和分析某种结果的时候，就易忽略前提条件，直到行动展开，才会发现问题严重。

平常多问“若则否”，可提升行动的可行性。例如，对于熟悉与陌生两种决策环境，理性看，若能区别这两种不同情况，面对熟悉情境，可凭经验惯例行动；面对陌生情境，需靠试探摸索；而若分不清这两种情境，则统一采用后一种做法，自然会更稳妥。

严格意义上看，人生没有彩排，生命过程单向不可逆。这意味着，现实所遇到的每件事，都可能具有其不同于以往的特点，都应该按照处理陌生无知的原则来应对，一概抱谦卑的无知心态，采取试验摸索的做法，如此若能成习性，可避免经验或教条主义。

也许有人会觉得，如此统一按陌生情形处理，是否有点小心过头？会不会影响行动效率？从长期看，情况并非如此。稳定不变的熟悉情境，只是无常变化、陌生无知情境的特例，统一按无常无知情境处理，形成自动习性反应，能够快速适应各种变化的情形。

修正对于环境的认识，将无常无知当作新常态，从有意识自认的有知，转变成有意识的无知，再以无知的心态应对各种变化的挑战。如此不断修炼，直到形成新的思维与行为习性，达成无意识的无知，彻底取代原先无意识中存在的、自以为有知的反应模式。

考虑到客观上存在着不可预见的无常变化，试图追求理想的完全了解、情况全知的努力，实际上既做不到，也根本没必要。若能坦诚接受“无知”为常态，懂得如何与“无知”共处，从无知中吸取成长的养分，就可做到化无知为机会，在无知的历练中成长。

坦承自己的无知，在冷静时，能够想清楚，或许能做到。毕竟人不可能无所不知，客观上存在着这样或那样的无知。但在无意识的即兴反应中，要做到放下自我，承认自己的无知，似乎不容易。在社会文化与集体无意识中，一般人对“无知”仍持负面看法。

智慧决策，需对根本前提，保持有意识的觉醒。例如，面对环境，需时刻注意可能存在着不熟悉。如何唤起这样的觉醒意识，使其内嵌到潜意识，成为自动自发行思模式的一部分？关键还在于，不忘初心，接受“无知无常”为隐含前提，始终如一地谦卑开放。

前提的觉醒

很多管理“真谛”，看似很有道理，本质上就只是预设。对预设的前提，保持“若则否”的觉醒，可以防止或减少误听、错信、盲从。例如，时间管理，对事务做紧急与重要的划分，就隐含了未来可知的预设与评判，若未来无常变化，不可预见，怎么办?

在时间管理方格中，是先处理“紧急且重要”，还是先处理“不紧急但重要”？回答这个问题，必须先明确前提，紧急因何引起，重要据啥认定。出现紧急情况，若因人为的事先考虑不周引起，则关键在加强防患；若是不可抗力导致，则或许需要马上应对。

因事先防患考虑不周的紧急，由决策者思维与行为模式所决定，长期处于紧张的灭火救急状态，如此就会形成恶性循环；结果反而会更没时间做冷静思考，未雨绸缪，从长计议。消除这样的紧急，需从阻断快速反应、防止盲目决策做起，方可从源头根治。

许多事只有做过后，才能真正判定其重要或不重要，事情未做前就下结论，实际上只是主观预判或猜想。例如，对于一个临时上门找领导的员工，如何看待？若预判为惯常来访，似乎属既不重要也不紧急；若猜想为特异情况，似乎有可能属既重要又紧急。

当你承认现实，接纳“无知无常”，分别心有何用？预设，猜测，评判，均属妄断。这样看来，人生的三道坎——对过去后悔、对未来担忧、对别人生气，根本就是虚幻。若受此牵制，就会徒增烦恼，耗散心力。专注当下，将精力聚焦于做实事，才是正道。

面对变化场景，未来不确定，永远看不清，有时三思而后行，不见得是一种有效的决策原则。此时或许更好的做法是“干中学”，除了谨守“安全大于天”之底线，备些过冬的粮草，其余的就大可采取“先行动后思考”的做法，兵来将挡，水来土掩。

智慧事上练

智慧事上练，在行动中学习，在学习中行动。在行动中看清情况，然后再思考如何改进。通过行动，才可真正感受到：车到山前自有路，别有洞天在前边；“山重水复疑无路，柳暗花明又一村”。在有文明记录前，人类生存所需要的智慧，均如此，源自实践。

人类应对生存挑战的智慧，扎根于生活实践，通常不可言表，只能通过行动表达，难以借文字叙说。这样的智慧，本质上是行动导向的。想到，反映在做到；知道，融合于行动；行动，关键在做到。文明记录的出现，有了文化传承，思、知、行出现了分离。

智慧，若无关实践，将退化为“知道”，而不再与行动做事能力关联，就如鱼离了水。实践行动能力，离不开事上练、干中学。现实中多见一些人，学到东西，只停留于知道，就如同电脑储存、网上检索所得到的信息；思考，多精于思辨，只限于纸上谈兵。

听到、看到、想到，关键在于做到。做到，需要的是“心意行”合一的智慧。一旦知识、思考、行动的合一性被破坏，就易引发教条，空谈阔论，知行背离，行思脱节。企业经营，智慧决策行思模式的修炼，需促进思与行的融合，要做到“言必行，行必果”。

例如，想到，只涉及思维流淌，易停留于抽象意念；看到，会涉及视觉感官，需考虑事物具象；做到，则不仅要考虑意念、具象，还要考虑整个操作的过程，如何一步步将事情从无到有逐渐做成。“理可顿悟，事须渐成。”智慧事上练，必须经历做事过程。

心善，意善，只有行善，才可得到真善。从点滴行动过程入手，运用“正反合”“若则否”方法，推动智慧“心意行”轮转升华。“前提—操作—结果”“问题—看法—验证—反思”，或逆向思考，以终为始，“目标—技能—改进”“市场—资源—能力”，直至智慧扎根于潜意识心田。

心田真善美

如果说，思维“正反合”是一种创意构想的综合方法，行动“若则否”是一种方案落地的逻辑工具，则心田“真善美”就是一种目标定位的根本方法。确立企业目标价值观，既可从正面引导，也可从反面规范，设定禁忌，划出跑道，只许在跑道中发挥。

心田“真善美”修炼，涉及有意识的思考，能观察的行动，还有难自察的心田。就“心意行”关系而言，有意识思考与潜意识心田，会对行动产生无形的影响，但能对人生与企业经营产生直接作用的，是行动。行动影响生活，行动改变世界，行动创造未来。

行美即心美

心田潜意识存储的运作，“什么进，就什么出”，人类有意识很难察觉。若能通过行动真善美的事上练，纯净潜意识进入端的信息，使得心田存储内容不断升华，直至其不经意间出来的信息，也纯净无染，就可达成潜意识对意识或行动的影响，也自然纯净。

心田如静水流深难测，意识如潮水涨落流转，行动如激水荡涤一切。荀子说：“不闻不若闻之，闻之不若见之，见之不若知之，知之不若行之。学至于行而止矣。”行久成习性，习性入心田，这样的修炼方法，与王阳明的“致良知，事上练”，不谋而合。

修炼心田智慧，可从行动“真善美”入手。那么怎样的行动才算“真善美”？“真善美”这三者又存在着怎样的关系呢？一般来说，真，是指不可违背的客观规律性；善，关乎社会共同接受的伦理价值观；美，则涉及能够引发共鸣、让人身心愉悦的主观体验。

行动真善美，需协调人与自然、人与社会、人与内心的关系。就企业经营而言，美关乎顾客需求本质，涉及市场价值核心；真与善，受制自然规律与伦理规范，可划定美之为美的操作边界。真善美，可从美入手，行动美才真的美。致良知，问心无愧，是大美。

做到问心无愧，需修纯净“平等心”，方可不为各种隐秘预设与期望所困扰。故事说，一日，苏东坡静坐，似有所悟，撰诗一首：“稽首天中天，毫光照大千。八风吹不动，端坐紫金莲。”他遣书童将诗送佛印禅师，禅师看后，批了“放屁”两字，让书童带回。

苏东坡得知，怒火中烧，过江找禅师，大声质问：“大和尚！你我是至交道友，我的诗，我的修行，你不赞赏也就罢了，怎么可以恶语中伤？”禅师大笑：“哦！你不是说‘八风吹不动’吗？怎么‘一屁就打过江’来了呢？”苏东坡呆立半晌，恍然大悟。

做到与想到

行动真善美，冷静想清相对容易，现实做到似乎很难。临事互动，即兴反应，稍不小心，情绪立起，佛就成魔。修心到家难，可先从行动开始。没有行动历练，学习就易停留于观念，无法转变为真正做事的智慧。决策的落实，总是在基层、在一线，在现场。

对企业决策者来说，为了办成实事，“有可能深入现场，就尽量别去会场”。稻盛和夫倡导现场主义，认为“不在现场流汗，什么也学不到”。即使是人才培训学习，也需尽量联系实际，聚焦内部实践智慧的传承，就如有公司在全国范围扩张，为解决一线技工不足问题，就地开办讲习所，请熟练员工当师傅，进行传帮带。

当下对于思维及认知模式的强调，似乎有点走火入魔。真正的智慧是默会的，涉及行为模式。只有行动，才能创造与改变世界。无常变化的不连续世界，更需先行动后思考，在行动中学习，而不是先反复思考什么模式。由此看来，行为或行动模式，才是关键。

研究表明，对于理财，教育的重点不在于知识的获取，而在于行为控制，因为人天生不会理财——乐观、自负以及渴望立即达成愿望等。学理财，关键不在知识学习，想清怎么理财，形成思维模式，而在于行为矫正，在理财中学会理财，形成适当的行为模式。

认知模式讨论热闹，推手是各种培训机构。这或许是创业、创新、创值的另一种泡沫，也是资本推动下的内容经济的另一种脱实务虚。对于创业者来说，千万别把自己变明星，更别指望成为哲学家、思想家、演说家，创业最需要的是不断实践，试错练摊！

行而不思则迷，思而不行则虚。干中学，学中干，实体不能虚做，人生不能虚度。正如社会心理学家卡尔·韦克所指出的：“我何以知道自己在想什么呢？只有看到我做了什么以后才能知道。”路就在脚下，不犹豫，走过去，蹚出来的才是自己的人生路！

行动创未来

在《逆向管理：先行动后思考》一书中，埃米尼亚•伊贝拉指出，一个人的思维与行为的改变，理性看，传统的顺序是先思考，即改变你的观念，然后才改变你的行为；感性看，实际的学习顺序是先行动，也就是改变你的行动，接着观念会自然随之改变。

思维与行为都存在惯性，改变甚为不易。纵使理性上改变了观念，但无意识思维与行为习性，可能仍一如既往，毫无变化。若先从改变行为入手，自然可能带来新的结果，让人看到切实发生的业绩变化，如此就易得到人们的认同，从而进一步推动行为改变。

对于决策者来说，只有行动才能创造价值，起到真正改变世界的作用。为了克服思维与行为习性对于改变的无意识阻碍，不妨可从有意识的行为改变着手，一旦有意识的行为改变逐渐成为了无意识行为习性的一部分，思维也就会在不经意间随之发生改变。

改变你的思考方式，只有一种方法，那就是改变你的做事方法。反之，改变你的做事方式，只有一种方法，那就是改变你的思考方式。观念改变可导致行为改变，行为改变也会导致观念改变。如此结果都会带来行思习性的改变，也就是潜意识心田的改变。

行动带来的新经历，不仅会改变你的想法：什么是重要的，什么是值得做的，什么是不重要的，什么是不值得做的。这样一来，实际上也就改变了人们对于未来的态度，这会进一步影响人们的行为，从而影响到未来。如此先修身、再修心，更易达成知行合一。

观想与实干

认识自己的无意识反应，无法借助有意识的思维，而可采用有意识的观察。例如，了解自己的行为习惯，不能通过自问的方式，因为一进入提问回答，就会唤醒意识，得到的就只是有意识的想法。但通过实际观察，自己临事怎么做，可发现无意识反应。

了解无意识的连续快动作，例如，跳舞、打球等，可通过慢镜头回放，分解原本连贯的动作，发现其中存在的不足并加以调整。为了形成无意识的自动自发行为习性，可将以上过程反过来，从有意识的正确慢动作的练习开始，从生疏变熟练，直至熟能生巧。

例如，将使命、愿景、行动相关的要素，进行具象化、过程化观想，类似于梦想成真式地在脑海中回放。借助于这样的反复预演，在内心留下生动印象。这样一旦面临实际情形，就容易唤醒记忆。此做法，有助于从知到行的落实，可实现从想到行的对接。

这种大脑回放，尽管只是虚拟体验，也比抽象概念学习，效果要好得多。参照图 2-1，可从三个方面，进行此类强化练习：

一是在“夜省”中，做具象化盘点，即如放电影般地将行动过程，在脑海中一幕幕地回放，用栩栩如生的图景来加深潜意识心田的存储。二是，将自己看成当事者，努力体会实际行动过程中可能遇到的各种难题，反复构想并预演克服难题的方法与技巧。三是，不断迭代调整行动过程，使其根据变化的情况，适时做出改进。有些决策情况与方法，不可能现场演练，却可用这样的方法进行预演。

通过这样的人脑回放或电脑模拟，即使无法获得真正的实战体验，但借助镜像神经元的作用，至少可以做到在大脑思考的神经元层面，形成如同身临其境、感同身受的模式化反应。这样，若能再加上实际的体能、力量等强化训练，当可真正提升实战响应速度。

成见与改变

心田中的潜意识，可以通过思维与行为习性来修正，但这似乎必须事上练、干中学才行，也就是最好是先行后思，建立基于潜意识的行思模式。纯粹谈论知，易与行脱节。谈论认知革命，若不深入企业现场实练，就会听课时似有很多感受，实践行动仍跑偏。

人的潜意识心田中，存储着各种基于过往历练积累而成的东西，还有新近接收到的各种信息，它们会以观念、想法、期望、信仰、技巧、做法等形式出现，在你不知不觉中化作各种成见与执念，影响你的判断与选择，左右你的所思所想、甚至所知所行。

研究表明，考虑组织的领导更替时，与来自内部的继任者相比，来自外部的继任者，更可能突破企业发展定势。有更丰富的跨行业、跨文化背景的领导者，更可能提出新问题。至于谁更能带来业绩增长，还要看组织本身的发展，是更需要稳定，还是更需要突破。

综合考虑，既是内部人又有局外视角的领导者，可带领公司取得更好的绩效。原因在于，他们既了解情况，能协同各方力量，搞定棘手的工作，又有更开阔的视野，能采用旁观者眼光审视问题，突破经验预设与主观预判，从全新视角更好论证与解决问题。

经验丰富，自觉“有知”，会在不经意中让人变得自以为是，甚至会膨胀到目空一切，如此结果就会使人少了敬畏之心，没了忧患意识，对待决策盲目乐观，无法冷静审慎。这样看来，进入潜意识的“有知”之感，特别易败事，且难自察。决策者需小心。

智慧决策行思模式，秉持谦卑的无知心态，对待无常变化的环境，给出圆融通达对策。做到这一点，其前提就在于，确保进入“心田”的“种子”纯净，都是基于无染的事实真相与因果规律，而非出自主观成见、预设、猜想、期望等，多受个人评判的杂染。

智慧践行中

智慧养成，需经历练。智慧决策行思模式，体现的是一种综合实践能力，不仅涉及普遍性规律，例如，无预设的探索性提问与启示式的建设性提问；也涉及特殊应用，例如，通过联系实际回答前面所提出的两类问题，帮助自然找到解决具体问题的对策。

基于以上第一篇放下自我的探讨，为结合你所在企业或个人的具体情况，下面我们一起来做一次实践演练，以加深对于本篇所讨论的智慧决策行思模式修炼的理解，也为今后的长期练习提供一个参考模板。以下就开始这一实练过程，大致可分成三个步骤：

步骤一 请回答：就你所在企业或你个人而言，当前存在的最大问题是什么？说明一下，如果在回答这一问题时，你感觉实际上并没有存在什么问题，那么就请将“没有问题”这一结论，就当作问题来看待。然后，请再思考一下：你准备如何解决这个问题？

请找一张白纸，认真写下你对以上问题的回答……现在，接着阅读后面的内容之前，请一定在此暂时停一停……确认一下：你是否已经认真思考，并写下了你对“当前存在的最大问题是什么”“如何解决这个问题”的回答。如果写好了，请继续以下步骤。

步骤二 看看你在上面写下的回答，从中找出并划去带有明显

“预设、猜测、评判”的主观用词。划去“主观用词”后，请再看一下，剩下的内容是否仍能清楚回答原有的问题。若不行，请重新回答一下：当前存在的最大问题是什么？如何解决这个问题？

在重新回答问题时，请注意遵循“不预设、不猜测、不评判”的原则，客观描述“问题”与“对策”，并将这些内容写下来……到此为止，你已经把本书前面第 1 章不猜不预设的方法，在实际中做了运用。接下来，将继续讨论第 2 章无知无不知方法的运用。

表 2-1　智慧决策精髓
——行思模式修炼

问题提出	**对策创行**
有知：**不预设** 无知：**不猜测** 感知：**不评判**	思维：**正反合** 行动：**若则否** 心田：**真善美**

步骤三　请对你在步骤二中重写的“问题”与“对策”，运用思维正反合的方法，做创意构想论证；用行动若则否，推敲一下所提对策的操作可行性；用心田真善美，分析一下这些问题与对策，

是否符合目标定位需要。如此考虑，可提升整体智慧决策水准。

综合以上分析讨论，请再次写出你对“当前存在的最大问题是什么”“如何解决这个问题”的回答……最后，请比较一下，你在步骤一、步骤二、步骤三中所写出的回答，这三者都有哪些不同？感受一下，你对表 2-1 的方法是否熟知并运用自如了？

请注意：在回答上面的问题时，请设想你所面对的是一个对你的企业或个人并不了解的听众。如何让这样的听众明白你所说的，这是你在回答问题时需特别考虑的，既不能讲得太简洁、太专业，也不能讲得太啰唆、太具体，以免听众听不懂或是不想听。

表 2-1 所表明的，就是本书第一篇放下自我的核心——智慧决策行思模式的修炼。本书后面三篇“创造价值、知止不殆、与时偕行”，将以此修炼为指引，聚焦实践难题，运用反转综合，突破经营成见，推进创意行动，以精炼智慧决策，助企业转型升级。

第二篇

创造价值
——目标

大众创业，万众创新，关键在创值，这就是创造价值。俗话说，“物以稀为贵”。在市场经济中，价值由什么所决定？商品价值的高低，为供求双方的力量博弈所决定。基于此，企业创造价值，需特别关注两个方面的因素，这就是顾客需求与同行竞争。

企业所生产或提供的产品、服务以及过程体验，其最终所表现出来的市场价值，会随着市场需求的增加或者供给的下降而提升。相对于同行企业而言，企业越能更好地满足更多顾客的需求，就越具价值；相对市场需求来说，企业与同行的产能越相对富足，就会越无价值。

第二篇　创造价值

从正命题“价值创造”看，企业需注意“贡献在外部”，以顾客为中心，打造特色产品，满足市场需求；从反命题“价值毁损”看，企业需考虑“顺势而不争”，在顺顾客需求而为的同时，注意反转思维，逆同行竞争而动，尽量减少与同业间的正面冲突，以免引发市场恶性消耗战。

本篇创造价值，分为两章：第 3 章贡献在外部，强调企业目标的确定，需由外而内，听从市场召唤，要预防不经意间可能出现的自我中心倾向；第 4 章顺势而不争，聚焦“众争不趋、大名勿居、激流勇退”的思路与行动修炼，以不争而使同行无可争，从而规避市场的趋同化竞争。

第 3 章　贡献在外部

要想知道自己见解的价值，必须检验它们对别人有何影响。

——威廉·黑兹利特（William Hazlitt）

企业或个人立足社会，其存在的根本意义，就在于创造价值，有所贡献。德鲁克认为，贡献在外部，也就是别人的认同，顾客的买单。贡献大小，不能由我们自己说了算，自以为有贡献，就算有贡献。贡献由他人评价，创造价值，须忘我利他，行动做到家。

对公司来说，确定发展目标，认定工作成果，需以满足顾客需求为中心，采取由外而内、自下而上的方式，让最熟悉市场情况的人，能够获得直接行动的决策权。例如，让最贴近市场、了解顾客的人，参与经营决策，由前线呼唤甚至指挥后方平台的支撑！

强调企业的贡献在外部，内部所做的一切，也即努力的成果，最终是否有价值，需外部市场认可，要借顾客买单来确认。对于这一点，冷静思考时，人们肯定不会有异议，只是受潜意识影响，在即兴行动中，能否自发顺从外部的市场指令？会否出现漂移？

对于刚创业的小企业来说，顺从市场呼唤，满足顾客需要，似乎不会有问题，毕竟没有顾客，就没有收入来源，自然会让人重视顾客。对于大公司来说，随着内部分工细化，管理层级复杂，许多人并不需要与顾客直接打交道，无意中就易忘了满足顾客需求。

潜意识中，每个人都希望顺自我而为，而不是顺他人而为。强调顺市场需求而为，注意满足外部顾客的需要，会与人们内心存在的“自我”产生冲突。在大公司中，越是远离市场一线的人，越有可能陷入自我中心，用自己的想法猜测市场，推想顾客的需求。

基于公司视角或者顾客视角，两者的观点可能存在差异，强调需求导向才是根本。长期看，忽视顾客需求，企业经营更易走偏。围绕市场需求，设定企业目标，展开切实行动，这种思想应深入人心，成为组织惯例。做到这一点，需从决策者自身修炼入手。

顾客为中心

以顾客为中心，关注顾客需求，听从市场呼唤，有必要弄清楚：对于未来市场走向，到底谁最清楚？可能的购买者？创业的企业家？有时，随大流，听市场中多数人的意见更好；有时，逆潮流，听少数懂行者的建议更好。实际上，对此并不存在统一的结论。

顾客，顾客，只是需要你照顾的来客。有时，客随主便；有时，主随客便。不预设，“若则否”情况不同，结论自然会不同。放下分别心，多点包容心，不做对错评判，注意企业与顾客的视角不同，所看到的情况与所考虑的重点会不同，如此才可构建多赢方案。

采取顾客需求导向，需防企业自我中心。企业市场定位，落脚于顾客心智。顾客心智不易改变，企业不能要求顾客改变，实际上也改变不了。企业所能做的就是，放下自我中心，迎难而上挑战自我，采取行动调整自我，以创造更能匹配顾客心智的市场价值。

放下自我中心，顺应顾客需求。做到这一点，需逆本能修行。对于过往成功的决策者，无意中会更相信自己的直觉判断，从而也就更容易被预设、猜测与评判所误导。决策者一旦深陷自我，自以为是，就不太听得进别人的意见，对需求变化也就易感知不灵。

企业所创造的价值，源自于外部顾客的评判。经营决策的出发点，不能放在自己能做什么，而要考虑顾客需要什么。产品的表现形态，会随技术更迭而改变，需求内涵会始终存在。采用怎样的方式，解决顾客所面临的问题，行动方案的构想，需开启自我心智。

对于未来，一是认为历史延续，可基于过往知识、经验等，做趋势外推；二是不太关注刻意思考，更多凭借当下感觉，做即兴反应；三是认为无常已成常态，需打破成见与定势，向外观察、倾听、实践，用行动开创未来。对这三种不同观点，你倾向于怎么看？

目标与成果

物质不灭，能量守恒，天下没有免费的午餐。企业活着，要贡献社会，创造出利他的价值，从而获得净现金流回报，前提在：所提供的产品、服务或体验，必须要有人喜欢，并愿意掏钱购买。这是企业存在的根本目标，也是衡量企业工作成果的唯一标准。

创造价值，获得净现金流，需抵御竞争侵袭。对抗市场竞争，怎么构建护城河？如何设立防火墙？关键在加强研发，抓好生产，夯实市场，形成企业产品、服务、体验的综合特色，吸引顾客，服务顾客，更好满足顾客的需求，以此赢得口碑，锁定目标顾客。

切实满足顾客需求，积极应对市场竞争，这是企业经营的一体两面，不可偏废。脱离顾客需求，忘了对手竞争，各个环节的工作就容易失效。顾客，不仅关注直接的顾客，还要注意顾客的顾客；对手，不仅看到企业的同行竞争，还要深入关注顾客的对手。

在满足直接顾客需求的基础上，企业可进一步考虑，如何帮助顾客提升市场竞争力，从而间接地夯实自己顾客的顾客市场，这是开挖垂直化经营的深沟；在应对企业自身市场竞争的同时，帮助你的顾客解决其同行竞争问题，这是打造水平化经营的高垒。

围绕自身目标顾客的需求，所形成的垂直化与水平化之深沟高垒，就是企业确保优势持续的护城河，阻隔竞争侵蚀的防火墙。如何构建这样的赢利深沟与垄断高垒？长远看，不能仅凭一时政策、技术、人才等稀缺资源，而需打造与时偕行的动态竞争能力。

动态竞争能力，扎根于智慧决策行思模式，表现为应对市场需求变化的灵动响应，涉及个体习性与组织惯例，如何打造？以顾客为中心，围绕市场需求，建立项目团队，企业其他部分均为支撑平台。项目随需求，团队随项目，平台随团队，运转自然快速敏捷。

顾客多面体

满足顾客需求，创造市场价值，这是企业使命感与责任心之根本。企业讲目标，重实效，不看加班加点，时间投入的长短，付出的辛劳有多大；而在于智慧决策，最终有效产出的大小，完成的成果有多少。例如，相对于同行竞争，做到更好地满足顾客的需要。

企业定位，并不针对抽象的平均顾客，而需面对每一位具体的顾客。不同的顾客之间，存在差异，各有特色。这些特色各异的顾客，不可能都是或者都能成为企业的目标顾客。企业需根据自身实力，考虑顾客特色分布，做好目标市场定位，有所为，有所不为。

有些顾客十分关注性价比，另有些顾客非常注重品质性。有些顾客所需要解决的问题，企业不具备相应的资源，当下也没有这样的能力，更不代表市场未来发展的大趋势。企业以顾客为中心，不可能做到以所有顾客为中心，而是要以目标顾客的需求为中心。

企业经营，开拓市场，并非来的都是客，以为什么都能做。各种表面上的“免费”模式盛行时，需警醒，免费的可能更贵，因为其经营有着更多的铺张浪费与市场错配。企业经营，出来混，总是要还的，找不到真正的愿意买单者，所有的经营模式均徒劳。

烧钱补贴，打价格战，这样吸引来的顾客，或能支撑一时的市场繁荣，但通常不可能持续。一旦补贴不再，价格回归正常水平，此前所见的热闹就会复归平静。研究表明，在企业推出新品的初期，所吸引来的顾客中，有些就仅仅是尝鲜顾客，不会长期购买。

尝鲜顾客，多受各种优惠促销、人气氛围，甚至好奇心理的驱动，会在短期内引发爆棚的市场人气，带来虚幻的繁荣之感，使得企业对市场产生过于乐观的联想，甚至做出快速扩张的决定。如此若等到尝鲜顾客退潮，市场空余一地鸡毛，企业才猛醒，恐已迟。

激情易消退

满足顾客的需要，创意与点子很重要，洞察力则更加重要。拥有洞察力，就能洞见与发现顾客的真正需要是什么，希望解决的问题本质是什么。运用“正反合”与“若则否”工具，采取“不评判”的做法，修炼智慧决策行思模式，有助于提升决策者的洞察力。

搞注意力经济，在各类媒体上打广告，如此吸引眼球，或可带来一时激情澎湃，人气暴增，流量猛长。长期看，若无真正价值支撑，以将吸引来的流量转变为切实的购买量，变成顾客的留存量，则因广告快速聚集的激情人气，也会被新广告所快速吸引而消散。

从顾客的心智本质看，最能打动人的产品、服务或体验，必须具有既熟悉又陌生的特点。熟悉感，能排除伴随着陌生而来的无意识不安全感，从而消除不适应；在有安全感保障的前提下，适当的陌生感，则可激发人们的好奇心，让人更愿接纳与尝试新事物。

既求安全，又想折腾，这是人之微妙心理。面对完全陌生无知，后果不可预见，心中难免产生排斥抗拒感。企业推出新产品，旧酒装新瓶，或者新瓶装旧酒，如此介于新与不新、旧又不旧，可让人感觉更亲切，既向下兼容，又向上升级，上手容易，效果或更好。

有些企业喜欢追逐热点，一心想赚快钱，如此心态，结果往往来得快去得也快。还有些企业一心想做大，过度扩张超越掌控能力，任重而道远，稍不留神就垮塌。企业活着，不死才是硬道理。平常心，不为做大而做大，踏实稳健的小而美，或许也不失为一种选择。

世界上有许多长寿的公司，选择不上市，以免受到躁动的资本市场影响。这些公司，大多做事严谨专注，经营稳健诚信。由反证法可知，心浮气躁，不讲诚信，无法做久长。做企业如做人，淡泊宁静，平和自在，为人低调，做事高标，隐形冠军，更可持续。

活久见回头

企业持久经营，需要口碑积累，才会有回头客、引荐者。有些产品，经久耐用，顾客重复购买，需过很长时间。此时，即使企业所做的产品，深受市场喜爱，顾客也愿回头购买，但至少需要企业能够持续经营，寿命超过产品使用更新周期，才能等来回头客。

有些企业，发展初期，产品不错，顾客盈门，为了更好满足市场，通常都会快速扩张产能。产能过速扩张，易致负债上升，资金链紧张，高杠杆运行，一般撑不久。这样的做法，很难等到回头客的购买潮。企业持续经营，生存与盈利，始终比规模、速度重要。

快速扩张，不仅易致资金紧张，甚至还会伴随着出现大企业的官僚习气。作为顾客，与一些大公司打交道，可能经常会遇到这样的情况，当你提出可否做些变通，以获得更为灵活便捷的产品或服务时，结果得到的回应，就总是各种的“不能做”与“不可以”。

顾客建议被拒绝，不外乎这样一些理由：“我们公司有规定，不能这么做”“对不起，这是我们公司的规则，我不能擅自做主”“很遗憾，那不是我们的经营方式”“其他小公司可能这么做，我们不能做”……类似这种情况，在小企业中，为什么很少出现？

区区一顾客，在大公司眼中，有什么了不起？“我”“我们”的意愿或做法，无意中主宰了一切。此时，顾客为中心，不再成为默认选项。在这些公司里，员工行为的考核，不经意间异化成了必须按公司规则、流程办事，而不是如何才能更好地满足市场需求。

为将大公司中无意存在的以自我为中心，转型成为类似小企业那样的以顾客为中心，必须对内部工作流程进行重构：让项目随市场需求转，团队随项目转，所有其他方面成平台，全面支撑团队运作。使如此重构的流程，逐渐变成员工的行为习性，转型或可成。

顺势抓市场

让公司一切围绕“顾客为中心”运转，做到这一点，极具挑战性。公司成功做大，无意中会心高气傲，怎么放下自我，保持谦卑的无知心态？怎么听得进顾客的不同意见？若不加强修炼，会不会觉得天下唯我，一切全在我掌控之中？市场都可由我说了算？

市场多变化，如何抓市场？需经常主动征求顾客建议，直接观察顾客响应。不能凭企业相关人员的经验或预设，贸然评判顾客的需求倾向。必须看到，仅凭个人感觉，判断顾客喜欢不喜欢，需要不需要，这些就只代表主观猜测，并不等同于顾客的真实需求。

了解市场，最好的做法就是，直接深入现场，看看实际情况。例如，过去认为，网上销售，似乎应该有更低的经营成本，从而会有更低的商品定价。实际上，竞争格局动态变化，随着电商竞争加剧，线上成本剧增，线下优势重显，线上线下又处同一起跑线。

市场在变化，猜测不靠谱；保持纯净平等心，做到不预设。例如，关于市场调查，对于顾客意见，那种“一刀切”地认为，每个顾客都不懂，或者每个顾客都很懂，就均属主观评判。有时，顾客需求客观存在，但直接询问顾客，可能得到的回答却是“说不清”。

透过顾客口头表达说不清的表象，发现其背后所隐藏的切实需要，可从顾客可能遇到的问题，或者希望解决的问题入手，以获得产品、服务或体验的设计思路，从而开发出能够满足顾客需要的解决方案。对于潜在顾客，有时只需诚心与耐心，就可成为真顾客。

据说，某化妆品销售员，遇到有位顾客，感觉从未接待过，却点名找到她，一下子买了许多东西。问缘由才知道，这位顾客此前从来没有在店中买过东西，仅仅有一次因心情不好，到附近几家化妆品店中闲逛，只有她在什么都没卖出的情况下，依然真诚微笑。

经营可持续

企业可持续，经营者需淡定，放下分别心，可免急功近利。就如上面提及的化妆品销售员，如果没有平常心，对每一进店者均真诚相待，或许就没有后来的顾客上门。在与别人打交道时，许多人无意中都会加预设评判，并据此采取行动，如此做法，太过短见。

平等对待所接触的每位顾客，努力将其变成实际的购买者。这里所谓的平等，针对不同的情境，需有不同的做法，其关键在于，要让顾客感受到真诚可信。就如顾客期望管理，企业做不到的，绝不随意承诺；企业承诺的，就一定要努力，尽量超越承诺做到位。

市场动态竞争，顾客需求会变。需要放下自我，不断突破预设、成见，迎接新的变化与挑战。例如，有人提出，对标业界先进，在顾客厌倦之前超越自己，在被对手超越之前否定自己。如此自我否定与自我超越，以顺应顾客需求潮流，甚至超前引导市场需求。

顺应市场潮流，要有自我否定态度，打破无意中存在的定势与惯性；引导市场需求，要有自我超越精神，发现顾客实际所需而又被同行忽略的方向。顺应潮流，而不陶醉其中，迷失自我；引导市场，而不自以为是，忘掉顾客。如此专注，探索，改进，无止境。

已知不预设，无知不猜测，感知不评判。开放心态，积极探索，可边干边学。例如，见到成功做法，思考可否借鉴推广；发现失败教训，注意是否需要规避；听到顾客反馈，看看能否做些改进。以纯净平等心，善待企业经营相关各方，构建共赢互赖的业态关系。

基于持续经营考虑，以顾客为中心，有必要说明，企业与顾客之间，应该保持双向平等的互利互赖关系。从这个角度看，可以这样定义企业的顾客概念，只有回头、引荐并对企业的盈利有贡献的顾客才是真顾客，聚焦于满足这样顾客的需求，为企业立身之本。

忘我且利他

进入忘我的境界，人们更易专注做事；反过来，专注做事的过程，也会带来忘我的感觉。如此看来，不带功利心地专注做事与忘我投入，客观上可能产生更能把事情做到位的结果。特别在创新领域，背负沉重的功利目标，更可能患得患失，反而难专注做事。

利他，是创造价值的根本。以“利他”为正命题，其反命题就是“反利他”。用反证法，可见“反利他”在社会上行不通，这就表明了“利他”存在之必要性。对于利他，受长期进化本能影响，人们无意中会觉得太高尚，不可行，实际情况并非完全如此。

利他，才有可能对社会做出贡献，从而获得相应回报，从这个角度看，利他似乎无关高尚不高尚。利他，事实上并不排除或妨碍利己，如此也就没有什么不可行。由此看来，倡导忘我与利他，需要加强自我修炼，才有可能化解由潜意识本能引发的抗拒反应。

企业立足市场，无论是关注顾客需求，还是加强技术创新，最终实现产需对接是关键，而对接的方式就是“忘我做研发、利他拓市场”。必须看到，企业的所作所为是否有价值，最终由顾客说了算，关键不在于你有什么产品，而在于你能解决顾客什么问题。

专注与忘我

在《企业的灵魂》一书中，比尔·波拉维指出：“当我们有机会为别人服务或者帮助教育别人时，我们就有了更高的目的和使命感。倡导尊重人的尊严和价值，提倡为他人服务，在这样的环境中，人们学习将他人的需要，置于自我兴趣和自我满足之上。”

当人们放下自我，不带功利心地专注投入，努力做好事情，特别是做好创造价值之事，以满足社会与他人需要时，自然就会进入忘我的状态。这种状态，会反过来强化对于做事的专注投入，带来进一步的物我两忘感觉，让人感受到内心的宁静、平和与自在。

忘我做事，专注投入，这一过程令人欢喜。若付出努力，能够取得成果，获得社会认可，估计更能让人们从中得到乐趣。研究表明，工作本身就具有人生意义。现实企业中，内部管理多折腾，如相互考核、层层汇报等，结果导致人们做事只为钱，其他无感觉。

企业考核什么，就容易得到什么；目标太高做不到，就易出泡沫。在组织中，花过多的精力于相互考评，可能不仅无助于士气提升，甚至还会平添人人自危压力。企业建立制度，特别需弄清：为谁做事？做什么事？如何做事？满足外部市场需求，才是关键。

越是能放下自我，达到忘我境界的人，就越能认清自我，看透工作本质。界定企业目标，明确什么叫成果，然后组织员工围绕目标与成果而努力，这是管理者的首要责任。目标就是对社会做出贡献，成果在于满足顾客需要，赚钱只是这些努力的自然结果。

围绕目标，需对员工行为加以适当引导。随着规模扩大，企业为加强内控，做好风险管理，会不断修订规章制度，设定各种行为的边界，也即规定什么“不能做”等。但却较少关注，如何才能更好地满足顾客需求，也就是应该或者不应该对顾客做些什么。

忘我更清醒

一个组织，只有弄清目标、成果与赚钱的关系本质，并就此达成共识，内部的各种活动及考核，才可受到正确价值观的引导，不至于跑偏成纯粹的管理折腾。企业经营少点内部折腾，可全力以赴关注外部需求，专注于扎实做事抓品质，聚焦于深入一线做市场。

放下各种自我的小算盘，明确企业努力的目标与成果，如此忘我投入的心态，可让人们对自己当下的行思，保持更纯净的清醒意识。你要做什么？你需怎么做？你为什么会如此做？这是你内心的真正想法吗？对于这些问题，若能不言自明，行思也就有了灵魂。

故事说，一群人急匆匆地赶路，有个人停了下来。其他人很奇怪："为什么不走了？"停下的人笑答："走得太快，灵魂落后面了，我要等等它。"是啊，我们走得太快了。成长求快，出名求快，发财求快，升职求快，一切都想快快快，谁愿停下等一等呢？

走得太快、太远，很容易忘了初心，出发到底为什么。对企业灵魂的清醒意识，可让人回复纯净初心。立足社会，需忘我利他，只有如此，才可自然地从中自利。俗话说，"远途无轻担"。如果一出发，就直奔自利，背负着无形的私欲重担，又怎么走得远？

许多时候，人生的难题在于，既不知道自己要什么，也不知道自己不要什么。古希腊神谕指出：“认识你自己，凡事勿过度。”或许忘了自己，更能认识自己；放下名利权，更近名利权。企业灵魂价值观的确定，似乎也如此，让人忘我，才能实现自我。

从因果看，忘我利他是因，企业稳健经营是果。不忘初心，需从“忘我利他”做事入手，深入工作现场、基层一线，跑市场，搞研发，抓生产。建设企业灵魂价值观，必须重视行为小事，一切围绕满足顾客需求之目标，让行动落地，变成一种习惯，扎根心田。

平等心忘我

满足顾客需求，怎么处理与顾客的关系？现实中，受市场上供求双方力量博弈的影响，不经意间存在着“店大欺客”或者“客大欺店”的情况。这意味着，在企业与顾客的互动过程中，双方似乎更关注获取自身利益，很难保持平等心，更谈不上什么忘我。

对于这种情况，做一下反转思考，你是否经历过不平等情况？回想一下，你作为“欺人”方或是“被欺”方，当时感觉怎么样？内心是否很自在？还是不时有困惑？你觉得出现这种情况的原因是什么？你是否想过改变这种情况？你是否采取过改变的行动？

市场竞争，充满力量博弈。对于弱势方，你可以忘我，但平等与否不由己，而由强势方说了算；对于强势方，你可以忘我，并以平等心待人，只是无意中会忘记这么做。市场力量强弱格局，会动态变化，如何行动更具可持续性？是平等相待？还是实力相搏？

按理说，市场买卖，契约关系，你情我愿，双方平等。现实中，自我超强，无所不在，一有机会，就会作祟。企业弱小时，容易以顾客为中心，也尊重供应商利益，对其他利益相关者也多有关爱，而一旦规模做大，就易变成以自我为中心，希望一切听自己的。

随着企业做大，原先的“顾客为中心”，很容易退化而成“自我为中心”。这种情况，多发生在不经意间，未经修炼的决策者，很难自察，更难防范。对于这一点，若加强智慧决策行思模式修炼，能够多做反转思考，你喜欢与怎样的人打交道？似乎容易想清。

你会愿意与一个以专家心态自居的人或企业打交道吗？与这样的人或企业打交道，你会感受到对方的居高临下与自以为是吗？当你感受到这种气氛时，你是否会在无意中产生抗拒情绪？你的内心还会给对方好评吗？这样一来，还能维持长期互惠关系吗？

利他亦自利

在与人交往时，你感觉什么情况下更自在？是带有自我目标任务时，还是不带特别功利目标时？你认为影响自在不自在感觉的因素有哪些？这其中哪些属于你自己可以控制与调节？对于这些问题，你确信自己心中有数吗？放下自我，利益他人，心就常自在。

“顾客为中心”或是“自我为中心”，如果说这只涉及感觉，那么利他不利他，关键需看行动落实。放下自我，关心别人利益，在内部，可以激活团队；在外部，可以激活友商。长期看，就可形成内外协同的经营生态圈。利他，传递友善，自在也让人自在。

人都有知恩图报的微妙心理。利他付出，传递友善，让人自在，这种看起来非功利的忘我做法，与刻意追求私利的行为相比，却能够产生更好的长期回报。研究表明，长期成功与激情、努力、天赋、运气及社会互动相关，利他互动可引发正面的不断放大效应。

平常人们所说的，“施予者有福”“助人天助之”“让人活自己才能活”“当你周边不开心的人多了的时候，你自己的好日子也就到头了”。这些都从不同侧面说明，利他行动，可以通过善意的感染，产生社会层叠涟漪效应，引发良性的人际互动循环。

故事说，老张进菜场，初见一摊主，问：“熬中药需要，能否扯点玉米须？”答说：“不行，你又不买玉米棒。”再遇一摊主，摊主含笑说：“那能当药引，你扯吧！若需要，过几天我给你弄一袋子来。”老张离开时，买了几把青菜，尽管家中原本不需要。

投桃报李，需从投桃开始。若是大家都能想到这一点，并且积极利他，真正做到这一点，社会商圈运行或能更和谐。企业经营中的利他，难在需要了解他人，提供他人真正所需的产品或服务。就如研发团队，若只忘我于自身的技术兴趣，如何顾及市场需求？

倾听与利他

利他，先要了解他人的真正需要，做到这一点，似乎并不容易。许多情况下，我们连自己的需要或不需要，都有点搞不清，又怎么能知道他人的需要呢？采取不知不猜测的做法，只需开放心态，不耻下问，认真观察倾听，由外而内接纳信息，当可指引利他方向。

由外而内，接触市场，观察倾听，了解顾客，构建对策，做出行动响应。倾听，可消除无意识中可能存在的自我中心；响应，能向顾客传递不断自我改进与超越之诚信。将倾听与响应行动，逐渐内化成为企业以“顾客为中心”的习性，可更好满足顾客需求。

作为业内资深人士，你是否会觉得，对于顾客真实需求的了解，有时要比顾客自己还透彻？这种无意识的感觉，你认为代表了真实情况吗？也许，你对公司顾客的总体情况，会比顾客更了解，但就你所接触的具体顾客而言，你真的会比他自己更了解吗？

你对顾客总体情况的了解，可能包括顾客分类与分布等信息，或许还有平均来说，顾客需求特征等。基于过往历史所得到的顾客平均信息，并不代表市场未来一定就如此，若以此为预设，对今后做猜想，你认为，会不会误判市场可能出现的新需求及新趋势？

对于当下出现的具体顾客，受特定场景与个人情绪等要素的影响，其需求往往带有应景即兴的特征，有时连他自己都不一定说得清，你也许只有通过认真的观察倾听，才有可能大致了解。这似乎表明，即使是资深人士，也需放下自我，以做到无知无不知。

做点反转思考，站在顾客的角度，设想一下这样的情形，你一接触到企业的相关人员，他们马上就以自己很懂的姿态，帮助你选购某种产品或服务。你会怎么想？你的防御心理会不会被激发出来？先放下姿态，倾听顾客心声，再给出相应建议，效果或更好。

成效在外部

贡献在外部，目标在市场，成果看顾客。企业经营，需眼睛向外，顺应市场变化，更好满足顾客需求。向外，变化，会带来不确定，内心总有排斥感。走出舒适区，应对新挑战，对于无知的恐惧，对于熟知的留恋，更有深深的习惯羁绊，如此怎么走得出？

有人说，人到老，才发现，老酒、老狗、老友和老伴，最好；老酒忘忧，老狗深情，老友助兴，老伴安心。老，代表着熟悉，一切心中有数，让人感觉自在。企业经营中，熟悉感在内部，陌生感在外部，不经意间，管理者就容易待在内部，而疏忘了接触外部。

决策者的注意力，要聚焦于外部，才可能出成果。将企业领导的精力，从对内部事务的沉浸中转移出来，放到对外部市场的关注上。对大公司的高管来说，走出熟悉的办公室，深入作业现场；从发号施令，变成观察倾听，这涉及行为方式的根本转变，有点难。

企业做大，高管增加，品牌建设，形象改善。办公室变奢华，福利待遇变优厚，等级制度变森严，结果相互掣肘在增加，企业活力反下降。企业氛围，从原先的大家“不分彼此，聚焦市场；内部沟通，无序高效；关系随意，合作精到”，蜕变成了行政官僚。

公司患上“大企业病”，内部运作官僚，更重制度考核，易忽略市场实效。据说，有一个指标，可以衡量公司的官僚化程度，这就是随意进出最高领导办公室的人数，如果非常少，就可大致感知问题的严重性。决策者交流少，易自以为是，怎么熟悉情况？

不消除官僚习气，大公司的决策层，无意中就很难接地气。愿大手笔追风，不愿下苦功做事；流连于觥筹交错、资本运作，热衷于购并重组、跨界进入。跨界重组，资本运作，在财务手法的背后，不知能整合出怎样的真正价值？转型，创新，突破，功夫何在？

痛点与卖点

创造价值，需企业苦功；实现价值，要市场认可。如何实现市场买卖双方的有效对接？顾客诉痛点，企业定卖点，层叠成热点，共鸣为亮点，关键在触点，整合是焦点。如何打通这些点？关键在于弄清并能平衡兼顾：顾客想要与不想要，企业能做与不能做。

点的打通与连接，涉及观念、期望与信仰，还有预设、评判与猜测。在各种关系处理中，多数的烦恼、痛苦与失望，往往源自此前的预期、信任与盼望，而实际的结果却不如当初所愿。从根本上看，如果相关各方，能够放下自我，心态随缘，一切或将安好！

期望、预设，背后体现的是对社会及自我认同的渴求，正面看，这是一种积极能动的上进力量；反面看，这是一种让人迷失的虚幻感觉。例如，人们做事，既想特立独行，又想有人喝彩；买衣服，既想与众不同，又想众人喜欢，如此或许就只能选择高价定制。

企业满足顾客需求，涉及期望与现实匹配，就如医生治病，既需消解当前痛点，还需清除长期病根。痛点患者可感知，病根需医生诊断。对于疗效评估，什么最重要？是患者的主观感觉，还是医生的专业判断？如何协同医患关系？这样的问题，企业也遇到。

顾客诉痛点

研究表明，在医院中进行患者满意度调查，并将结果作为医生收入与奖惩的依据，最终确实能够提高患者的满意度，但患者死亡率升高 238%，发病率增高 146%，抗生素应用增加 858%。这意味着，让医学知识缺乏的患者满意，会让患者付出沉重的生命代价！

与患者的主观满意挂钩考核，容易导致医生动机的异化，结果引起无意识的行为扭曲，从而偏离对患者来说的最佳治疗方案。问题在于，若完全听从医生的安排，患者或许会无意中产生另一种担忧，觉得自己会被过度医疗，因而有意无意地表现出抗拒心态。

双方若不能以平等心交往，建立起互信的关系，找到创造共同价值的做法，最终就有可能带来心态与行为扭曲，进而影响双方长期合作关系的建立。类似情况，在各种买卖关系中都存在，借助顾客直接体验，市场口碑传颂，商品知识普及，或有助于加强互信。

从顾客的角度看，只有其深刻感受到的痛点，才是其当下实际关注的重点。面对不确定未来，考虑到资源有限，关注眼前看似表面的迫切问题，似乎也是不错的选择。毕竟问题的“本质”可能一时很难弄清，而表面问题的解决，效果则立竿见影，清晰可辨。

顾客所表达或感知到的需求，不一定代表其真正的需要，却是当下顾客最希望被满足的需求。就如有人指责头痛医头、脚痛医脚，似乎目光短浅、没抓要害，但反过来想，若不直接针对痛点，采取有效措施，让人切实感受到治疗效果，会不会更受到指责呢？

从长期看，无论对于企业还是顾客来说，有一个重要的价值诉求，或许可作为形成共识的基础，这就是本书在前面第 2 章中所指出的“安全大于天”。有些工作做到位，有助于吸引顾客；另有些工作没做好，则会失去顾客。对于这两个方面，企业必须兼顾。

企业定卖点

站在企业的角度，看待价值创造，除了需要解决顾客当下的痛点问题，还需从本质上考虑，顾客在痛点消除后，企业所做的事，对于顾客是否仍有价值。例如，对于口渴之人来说，水是满足其需求的本质，尽管装水的杯子可能有不同，但其中的水是关键。

企业经营有价值，就如杯中要有水。对于想喝水的人来说，同样也能认识到这一点，此时，企业的卖点与顾客的痛点，就算实现了有效的对接。有些人买水，不仅关注内容，还关注形式，也就是水装在怎样的瓶子中。把握这样的感性需求，对企业极具挑战性。

企业确定卖点，既要对接顾客的一时痛点，还要关注其长期的真正需要，需看清顾客需求本质。例如，餐饮经营，涉及地段、价位、菜品、服务、环境等，不同的顾客，会有不同的关注重点，与工作快节奏的人相比，喜欢慢生活的人，其诉求可能会大不同。

顾客需求看不清时，不能凭猜测，需要做试探。例如，看一看可以做点什么，以利吸引新顾客；调查一下，因为缺少了什么，导致老顾客流失。还可以分析，企业所做的工作，是否存在不够好或者好过头。知道了原因，就可采取有针对性的措施，加以改进。

如果企业资源充足，面对看不清、道不明、难预测，或许更好的做法是，给顾客提供多种机会，让其自由选择，以观察和发现顾客的真正需要是什么。或许使用马车的人，需要汽车；使用手机的人，需要微信……不做试验与产品迭代，无法猜准顾客需要什么。

无意识中，人们会以自我为中心，按过往的成功经验，推导未来的成功模式，觉得原先所做的，就是顾客所需的。就如某餐饮企业，在国内采用的贴心服务，受市场认同，而在向国外扩展时，面临新环境与新顾客，同样的做法，得到了完全不同的顾客回应。

层叠成热点

过往成功的企业，更容易有预设，将自己正在做的，就看成是未来顾客所需要的。顾客所需，受众多情境因素变化的影响，哪些商品会成为消费热点？哪家企业的品牌会被市场热捧？媒体发达，竞争激烈，众多企业在角力，信息、情绪层叠，最终到底谁能脱颖而出？似乎很难预测。

市场上总有企业尝试新技术，借助各种途径造势，引导顾客追新猎奇，通过虚拟或实际的拥趸托举，在看似群情激昂的氛围中，让人们支付会员费、套餐费等，买下自己最终消费不了，甚或根本用不到的东西。类似这样的热点市场，不知是否真的创造价值？

面对最近有媒体声称，虚拟现实将走向主流。有人调侃说，3D 打印机诞生之初，舆论就宣传：“未来，家家都有 3D 打印机。”现实在于，家家都不需要。新奇事物，价格当然也奇高，面对的始终只是尝新者之小众市场，与大多数人的生活，基本不怎么相关。

有人追热点，热点多变化。潮起潮落，花开花谢，无可奈何，不为企业所掌控。企业经营，需增加利润，降低风险，更好满足市场需求，减少负向不利波动。如何深入了解市场，对顾客进行细分定位，让企业卖点与顾客痛点更好匹配，这方面工作，大有可为。

市场定位，针对不同的顾客需求，要有不同的商品展现。即使内涵相同的产品，采取不同的定位，进入不同的渠道，就会面对不同的顾客，遇到不同的需求偏好。例如，卖得较贵，需强调商品质量优异，性能可靠；卖得便宜，需说明商品性价比高，质优价廉。

不同的购买习惯，代表不同的顾客群体。从渠道看，精品店，大卖场，批发市场，即使出售的商品基本相同，进入的购买人群却会大不同。基于顾客视角，企业需要思考：决定顾客从你的企业购买商品的因素有哪些？影响引荐与回头购买的因素又是什么？

共鸣为亮点

神经科学实验表明，看到感觉很酷的东西或场景，大脑中相应区域的活动，会不由自主地被“点亮”，这表示人们内心有渴望，或者感觉特别爽。“点亮”，揭示了无意识的神经反应，并不代表就一定会引发实际购买行为。实际购买行为，基于更多的考虑，无形中还受众多因素的有意无意影响。

企业所打造或传达的产品或服务的亮点，若能使顾客相应脑区的活动“点亮”，从无意识的神经反应看，可算是相当成功了。亮点，能“点亮”脑区活动，却不一定能激起行动。行动，受社会及内在预期、信念的强烈影响。无形的期待与渴望，才决定购买。

亮点，需要匹配社会大众与顾客内心的期待与渴望，才能引发真正的购买行动。如此看来，问题又重新绕回原点，本质在于市场需求，如何顺势？怎么引导？在这方面，现代心理学、脑科学的许多成果，被借鉴应用到市场营销之中，也引发了伦理道德的争论。

利用暗示，营造氛围，触发本能与无意识共鸣，以此诱导消费，社会可否允许？大数据，云计算，可追踪；可视化，全覆盖，无间断。有意或无意之中，个人隐私变透明，行为或被操控，若这一切出自大公司或少数人之手，对于社会公众来说，到底是喜还是忧？

技术进步，本应造福人类，实际却为少数人所利用。此情此景，企业经营者，当如何抉择？返璞归真，不忘初心，忘我利他是根本。无论采取什么做法，若符合顾客的长期利益，不只是企业的短期盈利，就易实现多赢共生，既可获社会认同，又能保经营持续。

顾客需求的本质，涉及身心两方面的感觉，不仅表现在物质，而且体现在精神。理性看，产品功能是关键，功能决定形式；感性看，形式美感更重要，功能追随形式。功能看不清，需使用后才可发现；形式很直观，美感能打动人心。对此，决策者不可不察。

关键在触点

许多本质内涵的东西，需长期历练体会；许多表面形式的东西，可当下直接感知。在人们无意识中，容易将可感知的当内涵，把看不清的重要因素，就当不存在，觉得根本没必要。对于企业经营，需平衡考量内涵与形式，通过触点管理引导，促进产需对接。

企业经营决策，曾有一种说法，战略决定结构，结构追随战略。若进一步深究，人们的行为，只是环境的奴隶，内嵌于组织结构的员工习性与流程惯例等，可能才真正主导着战略形成与实施成败。基于这样的考虑，智慧决策行思模式的修炼，或许是觉悟之根本。

关注市场需求，不以自己心中所想，来推测顾客需要什么，而要直接观察顾客，咨询顾客想法，了解顾客的需求，提供产品或者服务，以测试是否顾客真正所需。有家中医养生馆，起初聚焦调理“效果”，试图以此做卖点。后来发现，“效果”很难客观评判。

例如，即使是专业到位的中医调理，其效果也并非都是立竿见影，可能需要时间积累才逐渐显现。引导顾客关注“效果”，会提高心理期望，使得感觉上的“效果”更难显现。强调效果，按此考核，因难以把控，调理师面临巨大压力，无意中变得心浮气躁。

做好企业与顾客连接的触点工作，可以实现企业理念与市场需求的更好对接。后来，养生馆意识到了问题所在，把重点放到了“体验”上，使服务回归“过程”本质，让顾客体验良好的消费过程，真正感觉到消费所值。这样，供求双方在触点上，就易有共识。

养生馆明确了重点在“体验”后，对内强化调理师的服务理念与工作“流程”，如定期回访跟踪，让顾客感觉到被关注、受重视；对外引导顾客的健康理念，唤起顾客希望改变不良生活“习惯”的清醒意识，从而在无意中为调理效果的长期显现提供了保障。

整合是焦点

加强顾客与企业的触点管理，是实现痛点与卖点匹配、对接的有效手段。对于大公司来说，触点管理的最大挑战在于，怎么打通部门分割，削平诸侯山头，实现跨触点后台支撑的无缝连接。在感性消费时代，为顾客提供个性化的触点体验，显得尤为重要。

借鉴哈维·汤普森在《谁偷走了我的客户》一书中提出的思想，企业若能无缝协调服务流程各环节，对顾客所涉及的相关需求，实现时空全覆盖，而不只局限于其中的某些部分或碎片化需求，则这样的全价值链与全平台化支撑，定可显示出强大的市场竞争优势。

与大公司打交道，顾客接触到多个部门，涉及众多业务单元，有时可能会感觉很抓狂。这些不同部门与单元，就如超级王国中的一个个相互割裂的诸侯，各具自身特色，后台互不连通。顾客需反复提供各种信息，易致成本与时间浪费，整体服务效率降低。

整合大公司的各个触点，需要后台支撑的分布式服务、大数据共享、跨职能对接等整个体系，才能对顾客提供一揽子、全方位、跨时期的系列互补产品或服务。这涉及企业流程及触点组织思路的根本转变：将由内而外的产品制造，变成由外而内的顾客服务。

有些企业，为精准对接顾客需求，实现快速“量身定制”，希望借助智能制造，在产品的设计研发、生产制造、物流配送、迭代升级等环节，吸引顾客全程参与，推动不断创新，提供最佳解决方案。若大家都如此做，竞争趋同，成本高企，企业怎么赢利？

平衡企业服务与顾客需要的关系，需同时关注降低成本与增加收入这两个目标。例如，聚焦顾客需求中不可或缺的要素，打造经营特色，形成抗竞争壁垒，以此为基础，不断吸引新顾客，减少老顾客流失，而非罔顾实力与可能，试图满足顾客各种定制需要。

第 4 章　顺势而不争

众见其利者，非利也。众见其害者，或利也。

——[隋] 王通《止学》

人或企业立足社会，必须创造价值。价值，由市场供求所决定。上一章“贡献在外部”，讨论以“顾客为中心”，通过忘我利他行动，开拓市场需求；本章“顺势而不争”，讨论如何通过特色经营，不争之争，以做到在顺应顾客需求的同时，逆竞争同行而动。

对顾客需求，要顺势而为；对同行竞争，需逆向操作。顺势而不争，需聚焦价值创造，做好自己事情，满足顾客需求，保持实力冗余，应对潜在竞争，实现良性循环。具体地，围绕创造价值这一主题，上一章着重涉及正命题智慧，本章主要讨论反命题智慧。

众争不可趋

当前被众多投资者、创业者看好，大家争相涌入的行业，紧接着就更有可能出现产能过剩，竞争过度，因而盈利堪忧。这是一种规律，存在于每一行业的兴起、繁荣、衰退的过程中。运用“正反合”“若则否”的方法，稍作正反论证，就容易看清这一点。

若想进入众争的行业，必须考虑企业资金实力，看看能否经得起最终的恶性竞争，可凭什么存活胜出。更好的做法是，不仅不盲目追随市场热点，还能对热点做反转思考，看看是否存在被大家所忽略的更好投资机会。如此思考，当可做到“众争而不趋”。

众争非理性

众争之事，涉及意气、面子，还有情绪感染，更容易让人失去理性，盲目决策，从而做出事后追悔的决定。这种情况，在土地拍卖、广告竞投、项目招标中，屡见不鲜，可用“赢家诅咒”来加以形象描述，指的是，赢了标的，就相当于受到了“输”的诅咒。

研究表明，在群情激昂的竞标氛围中，人们完全有可能失去理性，忘掉了参与竞标的原本目标，通过拿到项目，实现企业赢利。最终演变成了情绪冲动的竞争本能较量，不断加码竞标金额，拿项目就只是为了争气，在众人面前胜出。这当然是非理性的。

据报道，在中国艺术品拍卖市场中，落槌成交后出于各种原因不付款的情况，并不少见，这已成为困扰拍卖行成交结算的一大顽疾。这其中除了故意炒作、虚假繁荣外，许多人拍下后，最终不结算，可能就是后悔买错或买贵了。这也是典型的赢家诅咒表现。

企业经营中，许多项目投资的决策，即使没受类似竞标氛围的影响，也容易被自我心理预设所束缚，为市场上流行的投资风潮所误导，结果出现“竞争忽视”。这就是，疏忽同行也会采取同样的做法，从而引发行业产能过剩，致使项目效果大打折扣甚至亏损。

勇者多孤独

做到不随大流，保持特立独行，需要逆向行思的智慧与勇气。逆向思考，让人看到常人所看不到的机会；逆向行动，勇于采取常人所不敢为的行动。如此思考与行动，当然不是为了故意标新立异，更不是出于盲目决策，而是基于对事物演化规律的深刻把握。

勇者孤独，勇者无争。这看起来有点与众不同，似乎思维反常与行为叛逆，但却体现了真正的创新精神。通过有意识的智慧决策行思模式修炼，若能做到自如运用“正反合”“若则否”“不评判”方法，当可帮助适时进行思维与行为反转，通透理解事物因果。

许多人都看好的机会，大家都争抢，即使争到了，效果也并不见得会太好。要么抢的过程投入太大，要么参与争的人数太多，结果市场僧多粥少，最终回报并不高。只有大家没有看到的潜在机会，谁若能够独具慧眼，提前把握，这才更有可能获得大回报。

有人说，孙正义每次做决策，90%的人都反对。越是众人赞成的方案，越是代表稀松平常。越是反对的人多，就越代表想法的不同寻常，这既可能是天才灵感，也可能只是狂人幻觉。对于如此极端的观点，若能识别其中隐含的智慧，当可获得超乎寻常的回报。

反竞争而动

勇者孤独决断，绝不鲁莽行动。逆向思维，反竞争而动，众人皆醉我独醒。例如，当人们不看好时，觉得很难做成时，设法把事情做成；当人们都看好，觉得很容易做成时，主动保持距离不介入。

再如，当人们热议智能化时，可想想“去智能”有哪些机会。

穆罕默德·尤努斯，对银行业一无所知，却因创办格莱珉（乡村）银行，2006年荣获诺贝尔和平奖。正是因为无知，他无畏行动，大胆探索。他说：“无知，有时可能是一种祝福。你心态开放，能以自己的方式做任何事情，无须担心规则和程序……”*

尤努斯说：“每当我需要制定一个规则或者程序，我就看看传统银行怎么做。一旦我弄清楚他们怎么行事，我就反其道而行之。传统银行面向有钱人群，我就对穷人开放；传统银行面向男性，我就转向妇女；传统银行由富人持有，而格莱珉银行由穷人持有。”

对于传统银行，尤其是大型银行来说，受风控与监管的影响，通常不易进行产品、业务、服务等创新，很难构建独特的品牌形象。借鉴格莱珉银行的做法，可否采用逆向思维，规避同行竞争？例如，当一种业务受市场热捧时，就试着采取与同行相反的做法。

企业经营，满足前向的市场需求，是一切收入的来源，需很好地把握；注意同行甚至跨界竞争，可能导致的赢利空间受挤压，需反竞争而行，以规避潜在风险。金融市场上，别人贪婪我恐惧，别人恐惧我贪婪。实业投资中，防盲目跟风扩张，致产能过剩。

---

* 斯蒂文·德·索萨、狄安娜·雷纳，《未知：将不确定转化为机会》，北京联合出版公司，2015年，第140页。

众人喧嚣之时，正是潜心做事之际。有时，反竞争而动，难觅适当做法。在这种情况下，或许把注意力聚焦当下，想方设法把正在做的事情做到位，时间一久，自然就会积累出原先所没有的竞争优势。隐形冠军企业，或许就是凭迎难而上啃硬骨头练成的。

面对众人望而生畏的困难，勇者无所畏惧地迎难而上，更有可能开拓出别人所忽略的新天地。道路，大家觉得通畅，走的人就多，可能反而拥堵；众人觉得难走，走的人就少，结果反而畅通。“进窄门，有生路；进宽门，多灭亡。”企业修炼，需进窄门。

不争而自强

物以稀为贵，事以难易成。如何做难事、成大事？千里之行，始于足下。老子曰：“图难于其易，为大于其细。天下难事必作于易，天下大事必作于细。”哲人说：“圣人只做力所能及的事；凡人却是，做得到的事不想做，而梦想着那些做不到的事。”

人的精力有限，需放到重要的事情上。企业经营，关注顾客需求，做好自身工作，如此更能抗拒市场竞争。试想一下，时刻关注：竞争对手正在做什么？你该如何反击？现在同行都在这么做，你应如何跟进？还有时间思考需做什么，以更好满足顾客需要吗？

对手下一步怎么走，事先根本不知道。紧盯对手，一旦看清对手行动，再采取措施应对，你的追赶总会慢一步，结果永远都落后。企业经营，需聚焦顾客需求，勇敢地走自己的路，如此持之以恒，锲而不舍，不断改进，积累创新，这样的不争之争，无人可争。

如果你不是超人，要想做事精到，只能凭专注与毅力。市场竞争，客观存在，到底该如何应对？有句话说得好，“不要试图用你的业余爱好，去挑战别人的职业技能。”许多人凭职业技能赚到钱后，就想以业余爱好搞理财，轻松赚更多的钱，这会靠谱吗？

有位企业家，业务做得很精深，在被问到“仅靠你自己的力量，怎么应对市场竞争”时，回答说：“我没有考虑竞争对手的问题，我只考虑怎样把我的企业做好，我把企业做好了，谁都不是我的竞争对手；我如果没有把企业做好，到处都有我的竞争对手。”

“先为不可胜，以待敌之可胜。”有人说，“走你自己的路，让别人无路可走。”走自己的路，不错；让别人无路可走，大谬！长期看，企业做好自己，做出特色，需要创意，才能走出冲突陷阱，实现与竞争对手的错位共生，自利利他，从而繁荣整个市场。

上下游合作

利他，涉及价值创造；自利，涉及价值分配。艰苦创业一起做事，相对较容易；创业成功如何分利，相对较困难。价值创造，事情的做成，通常需要众人的共同努力，可能离开了谁都做不成；价值分配，要对各人的贡献大小进行评估，难有客观标准可循。

价值分配，涉及长短期、上下游、跨职能关系的处理，没有客观唯一的最优解。大家互信谦让，就好办，否则就难办。就如一个人，由身体各部分组成，人之所以为人，指的是整体。各部分离开整体，根本没有存在意义，又怎么说得清其各自的相对重要性？

企业经营，创造价值，需要多方合作，协同共事。例如，产业链上下游关系处理，若不加强忘我利他修炼，行动就更易受竞争本能驱动。一旦企业实力壮大，就会过度关注自身利益最大化，只想让自己处于产业链微笑曲线的最佳处，不管他人生存多艰难。

产业链上下游企业，客观存在着互惠互赖共生关系。尽管强势企业可凭一时实力，挤压自己的供方或买方利益，但从长期看，这会破坏友商的持续诚信合作关系。例如，受挤企业经营风险放大，易陷破产危机，这会反过来，影响强势企业生产经营的稳定性。

防止陷入被挤压的被动局面，弱势企业不能指望强势企业的仁慈，而需凭借自身力量的提升。扎实练好内功，在价值创造中发挥不可或缺的作用，才可达成“不争而自强”。上下游关系处理，需特别小心，各企业都搞一体化扩张，易引发全产业链产能过剩。

产业链上下游关系的维护，需围绕总价值提升，寻求与打造多赢可能。有房地产营销顾问发微信，标题为“豪宅如何卖得好、卖得贵，客户仍感买得值、买得爽？”前半句对卖方，后半句对买方，巧妙规避单向价值思考的盲区，正好展现了综合思维的超越性。

不争无可争

只有不争，才可淡定，集中精力，专注做事，服务市场，满足顾客。创造价值，厉行节约，量身打造，均涉及自身努力，并不直接针对谁，或者与谁对抗。以不争的心态，看待市场竞争，主动选择放弃那些看似机会的反机会，才可把握市场本质，顺势不争。

例如，去掉不必要的产品功能，有助于更好满足顾客需要；放弃一时搞不定的不赚钱顾客，或许能使企业有精力，更聚焦于自己的目标顾客。对于市场需要，相对难搞、难做的项目，可反转思考，尽管做起来比较费劲，但一旦突破，可能意味着机会更大。

大家不敢进，进入者稀少，主动与同行相向行动，遇上的竞争就相对不激烈。企业经营，快慢进退，关并停转，在这些选择中，人们最喜欢的是什么？最排斥的是什么？可能最易办、最需要、最难办的又各是什么？若做反竞争思考，你觉得怎么做或更好？

高手对招，先做好自己工作，再等待对手出昏招。直接对抗竞争，在这种情况下，多因相互拆招，效果通常不太好。不争之争，就看谁犯错少。谁受各种诱惑，出错多，谁就更有可能被淘汰。对手出错，做大做垮，经营持续不下去，正好给人留出反超机会。

不争之争，做好自身工作，从无意识本能看，或许选择舍弃退却，要比决定积极进取，更难决策些。进取象征着成功、面子，舍弃意味着没做、无成。从实操的角度看，情况可能正相反，进取要比舍弃更难，进取真要做成不容易，舍弃只需坚持不作为。

企业经营，顺天意做事，底线不可违；逆本能做人，防自我膨胀。决策的昏招臭棋，什么时候最容易出？事多，太忙，疲惫，劳累，此时意识失灵，本能活跃。欲望膨胀，能做的，过度作为，超出市场承受；狂妄自大，做不了的，以为能做，超出实力范围。

大名难久居

大名之下难久居，久享盛名者不祥。盛名之下，若想借名图利，结果就会伸手太多；若想名至实归，结果无意中承责太重。这样一来，无疑都会毁了自己。功成身退，大名勿居。天下的责任，自有天下人去担当，放下自我，并非不上进，而是要给别人空间。

高处不胜寒

企业成功，同行关注；人处高位，众人瞩目。此时，你身处聚光灯下，一举一动，几乎透明，想保护商业机密，很困难。企业经营，当你一切都为同行知晓，又如何防止模仿与赶超？面对这种情况，需危机意识，要有敬畏心，若不自警，陶醉其中，近祸矣。

从个人修炼看，“人人都想装成葱，不知是葱根根空”。出名不易，看空更难；放不下，就易为名所累。司马迁有言：“勇略震主者身危，而功盖天下者不赏。”古人云：“好船者溺，好骑者堕，君子各以所好为祸。”成功人士，易过度自信，而致头撞南墙。

许多企业家，创业成功，规模做大，受到媒体追捧，听多各种赞誉，慢慢地就会头脑发热，忘了自己到底是什么。企业家，变成演说家、评论家，甚至还像思想家、哲学家，通常就表明，自我膨胀已非常严重，可能离企业经营空心化、观念教条化已经不远。

市场竞争，适者生存；诸佛妙理，非关文字；不言之教，重在践行。“种了君子兰，就以为自己是君子；养了美人蕉，就觉得自己成美人。”这种想法要不得。背离创业初心，不再有谦卑的无知心态，易高看自己，忘乎所以，怎么应对世事多变、市场无常？

居大有不易

市场竞争，许多企业争抢第一，这让人目标明确，情绪激越奋进。问题在于，当了第一之后，企业靠什么引领？持久自我驱动力，不能靠外在刺激，需要凭内在动机。居高位、握重权、受人捧的决策者，怎么走下以自我为中心的神坛？需行思修炼，放下自我。

有人说，大公司总会杀死好主意，关键在于领导放不下身段，无意中不愿接纳异见。高高在上，等级森严，部门壁垒，条条框框，在大型组织中，这些都司空见惯。创新，就是在别人觉得不行时，将事情做成；官僚，就是在别人认为可行时，将其变得不行。

任何事物有两面性，在过去环境中，一家企业所取得的巨大优势；面对新市场，完全有可能变成先占劣势。市场的后进者，可以利用大公司的冥顽不灵，赢得新市场。在技术急剧更新换代的领域，后进者甚至可以直接研发下一代技术，实现强势超越突破。

大公司的经营，家大、业大、内耗大，作为市场在位者，多受惯性拖累，快速转型应变难。涉及更多市场利益，面对更多机会诱惑，客观上完全摆平不易，很难做到决策淡定。公司做大，到处抓机会，希望赢者通吃，结果精力分散，引来四面受敌，扛不起。

跨职能协同

企业内部各职能部门，共同服务于市场顾客，本质上存在着协同做事的关系。合作做事，竞争分利，分利制度设计不到位，跨职能协同就会成空想。例如，企业内部奖惩，若更多考核个体，则本应合作的跨职能部门甚至同部门员工之间，就会形成微妙竞争。

减少内部纷争，需要目标共识，大家专注做事，加强互信合作。做到这一点，需要好的制度设计，以引导员工行为。制度设计要以“让员工愉快、高效地做正确的事”为宗旨，以免在无意中引发各部门及员工之间的无谓竞争，破坏员工之间原本就有的合作关系。

合作行为，需要修炼。有个游戏，让 50 个相互熟悉的人，涌进一个放着 50 个写有各人名字气球的房间。要求在 5 分钟内，找到写有自己名字的那个气球。当大家争寻自己的气球时，相互碰撞推挤，现场一片混乱。5 分钟过去，几乎没有人找到自己的气球。

主持者喊暂停，提示大家，随便捡起一个气球，根据上面写着的名字，递给相应的人。这样一来，大家很快都拿到了自己想找的气球。游戏表明，利他可以更高效地实现共赢。甚至还有时，就如头发需要别人理，人们只有通过利他，才有可能实现自利。

故事说，一大群人，手拿长勺，面对一桶汤。若在地狱，大家只顾自己，因为勺太长，够不到自己的嘴，人人望汤兴叹。若在天堂，大家相互帮助，舀汤喂别人，人人都能喝到汤，皆大欢喜。基于忘我利他，实现群体合作，为智慧决策行思模式修炼之根本。

久利不可图

创业容易守业难。创业时，一无所有，赤手空拳，闯荡江湖，大家一身豪气，也能无所顾忌。守业时，情况大不同，客观上已有业务与经验积累，由此形成路径依赖，易生无形心态变换。对创业团队而言，长期奋斗事有成，会希望有所回报，以利改善生活。

对创业者来说，江山打下不易，更希望进一步巩固，欲望在提升，目标更远大，需要投入、投入、再投入……在这种思想指导下，对员工要求会加码，各种考核加评估，层层叠叠更惹人烦。企业上下，渐远忘我做事初心，偏离利他创造价值，会出现难自察蜕变。

随着公司做大，内部人无意识中会产生放心感，从而导致危机意识与奋斗精神的无形消退；同时，外部的挑战在加大，同行的竞争冲突在加剧，使得公司持续经营风险加大。蜕变总是发生在不经意间，若能居安思危，自我警醒，或可采取有意识行动加以扭转。

久利不可图，企业复归初心，承认无知，拥抱变化。拥抱市场新情况，开创企业新未来，需要对过去有所舍弃。对大公司来说，做到这一点，很不容易。船大调头就已难，更不要说有时还需弃船登岸。原有业务，技能习惯，资深员工，怎么割舍？如何放下？

面对无知无常环境，一切优势都难永恒。凭资源、权力获得的优势，会被新的资源、权力所打破；靠创新打造的壁垒，会被进一步的创新所摧毁……长期看，只要业务利润大，就难阻挡同行或跨界的竞争进入，企业唯一可做的，就是与时偕行，学习、践行。

投资理财也如此，要看高息怎么来，须知本金去到哪。本金去的地方，真的能有高回报，还是仅仅打水漂？弄清这一点，很重要。旁观静思，凭良知与常识，当可想清。例如，高回报承诺，无限额融资，竞争环境，若非庞氏骗局，又怎么会有那么多的好项目？

反转多商机

运用“正反合”思维，很容易看透问题。采取“顺势而不争”做法，其最大阻力源自预设或成见——人们心中存在隐秘期望，争取成功，获得认同，压倒一切。在企业经营中，增长、增长、再增长，做大、做大、再做大，已成为不经思考的“默认模式”。

有人说，人们所受的最大欺骗，其实就是自己的成见。决策者面临的最大挑战在于，自以为有知，而实际上却是无知。例如，对思维与行为上的“默认模式”，难以自察、无法反省，就会导致许多“悔不当初”事件屡屡发生。聪明人办傻事的情况，难杜绝。

“默认模式”下的增长型思维，自驱动文化，与企业起步发展阶段的经历，非常契合，容易让人误以为，这就是长期规律之所在。企业发展，走过成熟饱和，甚至经历衰退，到了需要寻找新商机的时候，才发现导致过往成功的因素，已成引发失败的隐形诱因。

反转“默认模式”，回归市场逻辑，承认未来不确定，需注意不预设，不评判，多试探。许多时候，当人们盯住新兴市场，不断追求进一步增长时，潜在的反向市场可能正悄然兴起。就具体企业的经营来说，一个细分市场的成与败，需看涌入的竞争者多与少。

当很多企业看好某一行业时，用反转思维考虑，或许可朝其他方向寻求突破。例如，当人们聚焦一线城市的生鲜“即时”供应，纷纷投资进入该领域时，企业或许可以考虑如何规避一线城市，深耕其他区域的“反即时”市场的经营，以实现反竞争错位共生。

再如，当智能家居成为热议时，若反转思考，反智能家居是什么，哪里会需要，或能发现被潮流所淹没的其他方向的市场需求。在反转思维的基础上，通过对正、反思维的综合，结合行动“若则否”的分析，最终就有可能找到更多的现实可行的商机组合。

激流不惧退

在社会群体中，一种市场潮流的兴起，受多种因素的叠加影响。例如，意见领袖的言之凿凿，各种舆论的重复报道，群情激昂的相互感染，潮流形成多受这些因素的作用。“飘风不终朝，骤雨不终日。”潮流有兴必有落，能在高潮回落前退出，需要大智慧。

顺势不逆流

俗话说：“人往高处走，水往低处流。”前一句，鼓励积极向上；后一句，揭示自然规律。考虑到存在市场竞争，企业经营与为人，若能做到如水那样，居下不争，可能也不失为一种有效的选择。既然“逆水行舟，不进则退”，为什么不索性设法顺水行舟？

顺势不逆流，特别是不要逆现金流。例如，对于产能规模决策，需根据市场需求与企业实力，不能盲目跟风争上游。有些企业，一意做大，不惜借钱搞扩张，结果导致现金流逆行，入不敷出，这样做法，无疑会使收益下降，风险加大，企业经营难持久。

马斯洛指出，生活的完善，从来不会来自从众和随大流，而只会来自我们的向往和才干。社会适应，决不应被无条件地看作是通向愉快和幸福的道路，真正的途径倒不如说是对流行价值观的抵制。对于人们主张的适应社会，他提出反问："适应什么？"

认清规律，才知如何适应。对于有些情况，事在人为，我们可以积极努力，用自己的行动创造未来。对于另一些情况，受制于自然规律，我们只能调整自己，而不能恣意妄为。例如，对于顾客内在需求，只能顺势而为；对于金融市场涨落，不能逆流妄为。

市场规模的大与小，受所处环境的影响，作为企业经营者，只能被动适应。就如有家咖啡店，开在写字楼中，受制于地理位置与周边竞争，所能吸引到的顾客，存在一定局限性；咖啡店的经营成本，受场地租金、人工、管理费等影响，经营者难有调整空间。

起初，咖啡店的定价，走大众化路线，因来的顾客总人数有限，客单价不高，经营亏损，难以为继。后来，无奈之下，大幅提高定价，走商务化路线，顾客的总人数基本不变，只是换了不同的人群，因客单价显著提高，使得咖啡店的经营，走上了可持续轨道。

潮流不追逐

理性看，在金融市场上，不追涨杀跌，可投资稳健。实践中，人性博弈，如何做到这一点？企业经营，大家都希望与别人相比，自己能更有先见之明，以免投资失策，事后追悔。问题在于，先见之明从何来？其依据何在？回答这些问题，需要智慧决策修炼。

例如，分析产业发展，如何有先见？当一种产业的发展，已经成为街谈巷议的主题时，实际上这就已经不代表先见，而是后见了。真正的先见，在创新者的大脑中，在探索者的脚步中，一旦进入产业政策引导目录，可能就已大势初成，进入恐怕就已稍嫌晚。

创新突破不可规划，真正先见不可预料。人们只能在潮流初成后，才可看到，此时快速跟进，可以顺势抓住市场机会。考虑到人们的注意力稀缺，消费者的需求总是多变，潮流不可能持续，如何适时退出，就成为了关键。从心理上看，追逐激流容易退出难。

激流不惧退，潮流不追逐，关键是要心中有杆秤。能够看清顾客需要什么与不要什么，知道企业自己能够做什么与不能做什么，如此才可做出决定，需要抓住什么与放弃什么。面对无常变化环境，受到各种潮流、激流诱惑，不忘初心，保持定力，尤为难得。

确定企业能做什么与不做什么，需回到以顾客为中心，弄清顾客需求的本质是什么，看看能给顾客创造什么样的价值。许多时候，具体购买产品或服务的个体，可能会发生变化，但体现在顾客对于产品或服务需求背后的本质常在，这才是市场脉动的根源。

激流勇退，潮流不随，难在放弃。企业需要放弃什么，这是决策难题。取舍，做加法容易，做减法很难。讨论企业发展，探讨转型升级，很少有人关注放弃什么。而若没有放弃，就是只想补短板、求增长，又怎么实现去产能、去库存、去杠杆、降成本？

进退皆有序

真正的智慧超脱，对人或对己，都不预设太多的期望与承诺，包括不自知的隐秘期望与承诺，以免在无意中受到这样那样的现实或虚幻的羁绊。没有期望，就不太容易内心失望；没有承诺，就不太会有外在牵挂。如此才有可能做到，心无挂碍，进退自如。

企业进行项目投资，需要有“正反合”“若则否”考虑。正向考虑企业资金优势，预估项目盈利前景与市场发展潜能；反向分析如果项目失败，可能原因会有哪些，投资损失是否能够承受，若是预期效益不佳，能否正常退出。这样方可有的放矢，进退有序。

项目的反向分析，通常易被忽视。当人们很想上项目时，提出失败预设，对可能出现的负面问题，逐一列出清单，考虑应对之策，这么做似乎有点不讨巧，甚至会被人认为不识时务，情商欠缺。实际上，这是项目分析最重要方面，经得住拷问的项目，才靠谱。

长期看，企业经营，安全大于天，项目通过论证，发现怎么都是死不了，才有可能带来切实成效。这种反转提问法，所揭示的就是易为人们所疏忘的镜像式智慧。进退皆有序，重点在退出。退出机制的考虑不周，心理准备不足，过冬粮草欠缺，经营易被动。

企业人才规划，考虑招兵买马，大干快上，皆大欢喜；考虑新老更替，领导退场，骨干离职，多惹人烦。前者工作不到位，只是影响企业发展快与慢，生存不会有问题；后者工作不到位，可能导致企业人心不稳，面临同行人才竞争，或会引发生存危机。

有些事，不能半途而废，退出可能引发大问题。例如，许多项目施工，不能中途停止，否则将前功尽弃。许多大公司，面临产业技术更新换代，可能导致原有业务被替代，全面放弃有困难，或许可以建立新团队，开发新项目，聚焦新业务，以实现逐步转型。

市场竞争中，有时狭路相逢，身不由己，如何全身而退？这非常考验决策智慧。智慧者，深具逆向思考能力，有办法做到激流勇退。这其中的关键在于，进入新领域，做项目投资，先不考虑成功了，会有多欢喜，而是考虑出现最坏情况时，拿什么去应对。

创业，最怕失败退不下；投资，最怕亏损退不出；人生，最怕退休闲出病。人类长期积累的智慧，例如，各种文化禁忌等，更多体现在逆向思考上，关注怎么做能防死，从而反过来确保生存无忧，实现死不了、活得久之目标。企业经营，当可从中获得启示。

放下路自宽

许多时候，一旦进入相争模式，可能就会两败俱伤，基本上就没有赢家，只有选择放下，才可能是唯一办法。例如，没有学会无预设的探索性提问，不知道启示式的建设性提问，大家直接争辩结论的是非对错，就不会产生任何有益的效果，而只会伤和气。

放下，是一种智慧。放下，并不意味着放弃，毫不作为。放下与别人的无谓争论，在放下别人的同时，也实现了自我的解脱。觉悟人生，放下迷执成见，开启圆融智慧，这是智慧决策行思模式修炼的核心。智慧决策，忘我利他，创造价值，顺势而不争。

放下自我，不被他人观点误导，才能透过现象，认清自我。故事说，小公鸡站在悬崖边，膜拜着正在展翅高飞的雄鹰。悬崖下，黄鼠狼鼓噪着，勇敢点，再勇敢点……振翅高飞，冲向蓝天，自由就在那里……然后，小公鸡就没了然后，黄鼠狼迎来了晚餐。

放下，决定不做什么，需要清醒的头脑。例如，试想一下，当企业面对爆发性市场，决策者的内心会否发狂、发疯、发癫？有没有可能出现狂热偏执心情，希望迅速扩大产能，以抓住可能的市场增长机会？如果如此做，万一市场增长不如预期，结果会怎样？

面对同行企业发动的亏损促销，一方主动暂时撤退，让对手自行消耗实力，以待其价格回涨，试图重回赢利性定价时，再行出击，分抢赢利市场的蛋糕。采取这种做法，可以相对降低自身的实力消耗，除非一旦对手占领市场，就能锁定顾客，实现赢者通吃。

应对赢者通吃，企业需审慎决策，是否实力相搏。有时放下自我，退出当下竞争，才发现海阔天空，有更多的机会在等着你。例如，放下难缠的顾客、供应商等，可能迎来新的更好合作伙伴；放下前景不妙的半拉子项目，可避免久拖不决引发的更大损失。

模仿与创新

没有高科技支撑，缺乏行业进入壁垒，难以预防竞争模仿。有些企业，寄希望于先烧钱，形成网络经济性，最后实现赢者通吃。这种如意算盘，鉴于市场资本充盈，各类创投非常活跃，也易成虚幻泡影，最后演变成进易、守难、不赚甚或巨亏的烧钱游戏。

平台模式、共享经济、生态经营、认知升级等，更多涉及概念更新。万变不离其宗，模仿、创新与突破，要有人专注投入，需静心行动，才能创造价值，满足顾客需求，形成自身特色，构建出抗竞争的护城河与防火墙。这一企业经营的底层逻辑，亘古不变。

例如，投入高科技开发，带有很大不确定。专注、渐修、积累，到顿悟突破，或者试探、摸索、迭代，到事成。试错，历练，创新，破茧成蝶，这一过程可能很长，背后隐含重要的前提：要有冗余资源保障，无论怎么折腾，总能跌倒爬起，以免一蹶不振。

思维“正反合”，智慧在行动整合。企业经营，没有真功夫，有前台战略故事，缺后台多触点的融合支撑，就难形成竞争对手无法仿效的综合优势。无论怎样神奇的商业模式，都涉及多环节、多活动、多主体的整合，这很难速成，未经历风雨，怎能见彩虹？

冗余资源，可以容错；后台功夫，做事到位。前者需要砸钱，后者需要整合，两者缺一不可。许多玩完的项目，无论是互联网，还是房地产，或人狂胆大，玩空手套白狼，罔顾冗余资源要求，资金链易玩断；或只讲故事，市场不买账，会把自己玩成“事故”。

产品、服务、体验，可见的产品容易被模仿，不可见的后台整合功夫，体现在企业员工的态度里，反映在跨边界协同的行动中，需要事上练、干中学的过程磨合，需要毅力与坚持，才有可能养成。虚心、静心、耐心、恒心，智慧决策行思模式修炼之核心。

转型加升级

创新，要去分别心，不预设，不猜测，不评判，以放空成见与定势，针对事实真相，临事适当应对。灵活应对，是小企业自然秉性，在大公司却难施行。就创新所需的容错文化而言，大公司中，各种奖惩考核，无意中会让人求稳不求新，以免吃不了兜着走。

顺应市场需求变化，企业必须转型升级。转型，以适应顾客需求调整；升级，以提升企业抗竞争内功。转型加升级，做到内外兼修，顺势不争，自强不息。堡垒最容易从内部突破，也最可能从内部加强。以顾客为中心，加强后台功夫，需有自我革命精神。

例如，有家公司，聚焦未来，超越自我，顺应与引领市场需求发展方向。公司先用 DVD 租赁业务，淘汰录像带租赁业务，再用在线视频流媒体，淘汰自己的 DVD 租赁业务。做到这一点，既需洞察力，预见技术与需求趋势；又要能自我否定，有勇气想到做到。

企业转型，难在自我否定。有些企业，研发出了新技术，也深知新技术的性能优越，却为了延长老技术的寿命，故意雪藏自己的新技术。这种做法，背离忘我利他，逆着市场需求。若稍反思，我们不做，竞争同行会不会做？该怎么做的结论，或许会不言自明。

转型升级，关键在智慧决策行思模式。满足顾客需求，需放下潜意识的自我中心，以做到真正的以顾客为中心；加强后台整合，去掉难自觉的本位主义，以做到真正的跨边界协同。公司里无处不在的部门考核，削不平的山头，拆不尽的分割，到底该怎么办？

减法做不好，加法难见效。放弃，使业务更精到，以契合顾客需求本质；使企业更精敏，以专注市场未来趋势。转型升级，需明确目标，既顺势而为，满足需求变化；又逆势而动，引领顾客潮流。企业经营，“创造价值，知止不殆，与时偕行”，不可偏废。

第三篇

知止不殆
——约束

积极进取，创造价值，若过度了，也可能成为毒药，结果只留折腾、渴望。例如，过多的投资，膨胀的欲望，无尽的折腾，成功学可能就会成为失败学。追求名利权的反命题是，放下名利权，以免觉得什么都重要，自己的作用绝对不可少，致使承重太多扛不了。

防止物极必反，过犹不及，关键在“知止”。许多事，难在把握的适度与底线的坚守。适度，涉及效果的评估，例如，优劣好坏，处于怎样的水平？是否会反转？底线，关乎耐受的考量，涉及极端不利的情况，例如，怎样的后果，难以忍耐，无法接受？

第三篇　知止不殆

怎么做到知止？一是适可而止，需要弄清瓶颈规律之制约；二是止于至善，必须明确目标价值之追求；三是静如止水，能够守住心中良知之底线。瓶颈，价值，底线，代表了企业经营之“正反合”本质，涉及智慧决策行思模式修炼之精髓——心田“真善美”。

弄清止的内涵，明确止的“若则否”行动逻辑，才可真正做到知止不殆。本篇分两章讨论这一主题，一是凡事皆有度，二是底线不可违。这为上一篇创造价值——“贡献在外部”“顺势而不争”，给出了行动的边界。跑偏出界，则凶；谨守界内，则吉。

第 5 章　凡事皆有度

认识你自己，凡事勿过度。

——古希腊神谕

故事说，有人到千年古寺，敲钟祈福。老和尚说，只许敲三下：第一下福喜临门，第二下高官厚禄，第三下延年益寿。那人趁老和尚不注意，敲了四下。老和尚说："这下完了，前面敲的全废了。"那人问："为什么？"老和尚说："第四下四大皆空。"

“万事有度，无度则悲”，是古训。人性的自然倾向，容易将好事做过头，最终使得效果打折，严重的甚至引发负面作用。客观规律的制约，无常环境的影响，决定了“凡事皆有度”，不能任性妄为。借助“知止”的智慧修炼，可校正人性本能的线性思维。

缘起非线性

在不经意间，人们的思维与行为，具有线性倾向，也就是“一根筋”“一条道”走到底，不撞南墙不回头。对于事物发展，感觉应该这样的，结果你却发现是那样的；对于他人行为，觉得应该这样的，结果你却看到是那样的。类似情况，你是否遇到过？

你的感觉与判断，带有简单机械的线性特点。现实社会的运行，涉及有机复杂性，本质上为非线性，这是个人、经济、社会等有机复杂系统演化的根本特征。只有认清有机复杂性，把握这背后所体现的非线性，才有可能真正做到“凡事适度”“底线不违”。

有机复杂性

机械系统，即使很复杂，懂行的人，仍能拆得开、装得回，而且装回的结果，与拆开前的情况几无差异。有机系统，即使很简单，无论是谁，都难做到拆得开、装得回，而且装回的结果，与拆开前的情况大有不同。企业经营所涉及的，就是有机复杂系统。

有机复杂系统的演化，经历的是不可逆的时间过程。历史，可以惊人相似，但却不会完全重复；系统，了解局部细节，无法由此推知整体特征；关系，个体与群体，既受制于外部，也受制于内部，交互影响。有机复杂系统，或可找到相关性，但难弄清因果性。

社会经济系统，涉及有机复杂性，具有非线性特点。例如，人的情绪，既不会一直高昂，也不会一直低落；企业经营，有发展顺利的时候，也会遇到艰难的局面；全球经济，会有向上攀升，也有停滞回落。线性的想法与做法，很难应对复杂的非线性现实。

有时，你的出发点很好，工作做的也很到位，就是结果难尽人意。对于这种情况，人们常说“谋事在人，成事在天”，以作自我解脱。实际上，你的想法与做法都没错，就是遇上了客观非线性。例如，顾客有限，竞争激烈，即使再努力，市占率也难显著提升。

影响因素众多，相互关系复杂，整体因果不清，甚至根本不存在。从过去及现状，无法推测未来；从局部情况，不能预见整体；不了解纵横全貌，难以掌握事物真相。线性思维不再有效，必须时刻注意放下自我，清空预设、猜测、评判，才易做出智慧决策。

有机复杂系统，运行演化非线性。无常，不断出现新情况，使决策者面临客观“无知”的挑战；趋势，就是无趋势，不连续，若以线性思维指导行动，就会常常遭遇意外或不测。无常态，已成为常态，决策者需抱谦卑心态，时刻提醒自己，凡事必须适度。

影响非线性

现实多见“钟形”“波浪形”“指数型”“突破型”等提法，本质都代表着非线性，意味未来不是过去的简单延续，甚至根本就是不连续。例如，技术的更新换代，跨界的业务突破，经济的全球竞争，这一切都表明，剧变的现实，挑战着人类的线性思维。

凡事需适度，思维“正反合”，行动“若则否”，有助于应对非线性。复杂非线性，表明过犹不及；合适的做法，很难事先料定，需要实践摸索。就如企业决策，事先看不清因果，需要通过小步试探，边行动边观察变化，再根据新的情况，决定下一步的行动。

社会组织中，每个人对于整体的作用，存在着非线性影响。许多情况下，搞好一个企业，需要一个团队，做好许多事情；搞砸一个企业，只需一人有误，一事不到位。成事需众人，败事可一人，这是非线性；成功凭决策英明，失败因执行不力，这是线性。

由个体、局部的“成事不足，败事有余”，人们容易看到，做事不到位，会产生不良影响；但容易忽视的是，做事太到位，结果也有可能造成负面影响。有机系统的整体运行，需要各功能模块的协同作用，局部响应过度或不足，都会导致系统整体的运行不良。

企业内部运营，各个环节的产出能力，并不一定完全平衡。有些环节，相对紧缺；有些环节，相对冗余。紧缺的，多努力，加班加点，提升效率，似乎有可能增加企业整体的产出；冗余的，努力增产，只会增加在制品的库存，不会带来企业整体产出的提升。

从企业所处的产业链上下游关系看，如果市场整体容量有限，各企业之间的竞争已经相当激烈，则企业的增产行动，可能会加剧整体市场的饱和，引发价格大战，导致增产不增收的后果。如此看来，无论是冗余还是紧缺环节，努力或不努力，均需适度才好。

未来难预料

有机复杂系统的多环互赖，可能存在“蝴蝶效应”，牵一发而动全身；众多看似互不相关的小事，最终累积出事先难料的“黑天鹅”。面对客观不可预见性，企业决策，需以无知的心态，小心探索，时刻警醒：当下的进程与效果，是否到了该调整的地步？

例如，一直处于艰难创业，起步缓慢的企业，需考虑：经过长期累积，若是酿出市场增长的爆发点，你将如何应对？若是最终发现无法突破，你将如何退出？创业起步顺利，快速成长的企业，需考虑：现有市场，渐趋饱和甚至衰退，你是否已有新的准备？

增长，不会一直持续；衰退，不会永远如此。难以预料的是，趋势何时会改变？方向是否会逆转？客观难料，不要试图预测，保持无知谦卑心态，拥抱不确定：不预设，不猜测，不评判，凡事勿过度，前进时预留退路，就如晴天备好雨伞，雨天自然少烦恼。

晴天备雨伞，会增加成本，看似没有必要，不如雨天再准备。反转思考，才可看清，面对难料未来，这种做法很有必要：一是可以防患，以免晴天形势大好，过度向前冲，耗尽资源，一旦市场反转，被套牢；二是可以不悔，待雨天大家竞备伞，恐机会太少。

未来难预料，企业需做情景预研，对于可能出现的不利情况，构建预案。即使出现最坏情况，企业完全可以承受，那么出现其他情形，都将隐含着超越最坏的惊喜。这样的思路与做法，背后所体现的就是“生存重于泰山，安全大于天”的智慧决策原则。

许多企业，见到市场机会，都想紧紧抓住。只要实力允许，即使项目失败，也能够扛得住，那么这么做就没有什么不妥。但若为抓机会，不惜高息负债，快速扩大规模，一旦市场需求不如期望，项目收益达不到预想，企业就将陷入倒闭，似乎就属扩张过度。

凡事需适度

凡事需适度，关键在于，很想做的事，防止做过头；不想做的事，防止做不足。有人说："做人要知足，做事要知不足，做学问要不知足。"基于"适度"的视角，或许都需好好思考一下，什么叫作"足"，什么叫"不足"，才可达成内心的自在与富足。

有机复杂性的核心，是事物发展的非线性，就如物极必反、否极泰来等，这背后体现的是道法自然，规律难违。在这里，企业的规模大小、发展快慢等，都不再绝对，而成了一个硬币的两面，或者说是更广泛含义上的整体多面，内心澄明，才可把握适当。

智慧决策，把握适当，存乎一心。克服贪婪，只需潮头不追涨，临阵稍退却；战胜困难，在于谷底不气馁，恒心稍坚持。知道"最后一根稻草压垮骆驼背"，就需事先留有充分的余地，绝不让问题累积，直到最后总爆发。许多好事过度，就因为心存侥幸。

非线性，可能还隐含着后果不对称。例如，发现产能略有不足，是否马上扩大？不扩大产能，市场供不应求，只是偶有缺货损失。扩大产能，若市场持续向好，可多赚不少；若市场后劲不足，易产能过剩，引发亏损。如此分析，哪种做法更稳妥，似乎很清楚。

想清楚，却不一定能做到。增长，一直都是成功的象征，众人追逐的目标，有机会做，怎可轻易放弃？这就是线性思维在作怪。在业务鼎盛时期，做逆向思考，不再追求现有业务的市场增长，转而培育新的业务增长点，尽管短期难见效，但长期看绝对必要。

做项目投资，经常会发现，许多事先论证不错的项目，都会出现“规划谬误”——项目实际完成的情况，收益远没预期的好，支出远比预期的高。规划谬误多因单边不对称：受潜在竞争的影响，收益只会向下波动；受突发意外的影响，支出只会向上波动。

后果不对称

非线性，意味着后果不对称。专注产品研发，如登山，过程艰辛，无限风光在险峰；重视媒体传播，如娱乐，过程轻松，繁华散尽恍了悟。研发与传播，对企业经营的影响，需视业务的性质不同而分论，有些“酒香不怕巷子深”，另有些“酒香也怕巷子深”。

有人说，“再伟大的企业家，也战胜不了产业规律”；又有人说，“没有夕阳的产业，只有夕阳的企业”。这话，似乎怎么说都对。从反转命题看，就意味着，怎么说都不对。其不对在于，泛泛而论，妄下断言，离开具体情境，偏离凡事需适度，智慧何存？

许多说法，强调了一方面的作用，无意中就忽略了另一面，背后所体现的就是习性反应——线性思维与惯性行为。线性，惯性，习性反应，通常不符合非线性，更看不到后果不对称。“夏虫不可语冰，井蛙无法谈天”，囿于一时一地，怎能知晓事物整体？

运用“正反合”“若则否”方法，可以拓展纵横时空，实现行思超越，从而看清事物真相，发现其中的非线性与不对称。例如，企业项目投资，进程已经过半，发现预想的市场已经逆转，你觉得是否需继续？按“若则否”看，投资前提不再，投资行动当止。

思维线性，行动惯性，当止不能止，是凡事适度的大忌。如何空杯心态，做到不预设，不猜测，不评判？这需要个人的自我修炼。笑话说，大冬天，有人去朋友家，发现他正洗冷水澡，问：“为什么？”朋友答：“家里还有两盒感冒药，再不吃就要过期了。”

“当断不断，反受其乱。”许多情况下，断与不断，后果完全不对称，结论很清楚，就只因无意识习性反应，情感难割舍。独立之精神，自由之思想，关起门来，空想很容易，大概没人管。若是付诸行动，实际上就很难，需要责任担当，以克服习惯性阻力。

冗余更高效

有机复杂系统，安全大于天，为了应对不确定，对于适度，通常需留有更多的余量，以作为对于意外不测的缓冲。例如，对于技术研发力量，如果只需 60%~80%的时间投入，就能满足日常开发要求，那么这多出的富余时间，就可为长期研发做智慧的积累储备。

对于知识员工，大脑需要有适当的冗余或放松，才可保持最佳运行状态。在“为伊消得人憔悴”的基础上，适度的放松，无意的注意，才可导致“蓦然回首，那人却在，灯火阑珊处”的惊喜发现。有人将此称为，“不可或缺的冗余”或“至关重要的放松”。

在《逆向管理：先行动后思考》一书中，埃米尼亚·伊贝拉给出了许多例子，说明放松日程安排，反而更有利提升工作效率。例如，有家医院，手术室资源紧张，每天排满手术，再加偶有急诊收治的危重病人，需要临时安排手术，常规手术计划常常被打乱。

优先安排急诊手术，导致常规手术顺延，结果增加了医生和病人等待时间。为此，有些医生需要加班，才能完成当天的手术安排。后来，医院空出一个手术室，专门应对急诊手术，这样一来，常规手术计划不再打乱，医生的加班时间减少，手术效率也大大提高。

对于管理者来说，日程上挤满各种事项，如会议、出差、电话会议或是正式报告等，没有一刻空闲，常常会因一件事的拖延，或者临时出现紧急的情况，而导致许多计划的改变。这种计划的改变，不仅影响自己的议程，也会打乱其他可能与会者的时间安排。

类似于上面医院手术室的安排，个人时间日程排得满满，看似效率很高的管理者，从整体来说，可能效率反而低。而日程表上有着适当空闲时间，看似效率不高的管理者，实际效率反而更高。研究表明，最有效率的管理者，反而是看起来最没有效率的那个。

大智者从容

个人的时间安排太满，没有任何的弹性余量，会不利于应对变化的环境。例如，一旦出现偶发事件，需要时间应急处理；或者有些日程所需的实际时间，超过了计划的设想，就会产生连锁反应，打乱所有的其他时间计划，使得原本严密的计划，变成无计划。

在已经饱和的时间安排中，临时增加工作日程，往往就需要加班加点，才能完成原定的其余工作。管理者时间安排的临时调整，会使相关人员的计划随之变乱，无形增加不确定的等待时间，难以有效使用自己的时间，甚至也需加班加点，才能完成原定工作。

留空，让你有时间，淡定应对意料之外的事情；停下脚步，对繁忙事务进行梳理、规划与反思，从而提升潜意识心田的智慧。忙乱中，大脑接收太多的信息与任务，无法有效加工处理，会直接凭本能做条件反射式的行为应对，如此难免影响决策效率与质量。

大智者从容，关键在放下、放空与放松，排除各种干扰，将有限的时间与精力，变得相对冗余和宽松，以此获得内心的宁静、平和与自在，更为淡定、更富创意地解决遇到的问题。从“疲于奔命赶场子”中，把自己解放出来，可提升决策水平与工作质量。

反者道之动

有机复杂系统，环境无常变化，是常态。智慧决策行思，放空一切成见，以真正做到无预设，如此才可随着情况变化，采取灵活方式应对。灵活，不讲套路，不循成规；逢山开路，遇水架桥；兵来将挡，水来土掩，体现了非线性，会与人们的习性反应相悖。

习性反应，无意中会有路径依赖，带有线性或惯性倾向，很易陷入经验主义、教条主义而不自知。运用“正反合”“若则否”方法，学会适时、适当地反转行思，例如，对习性、对潮流、对常规等，采取逆向思维的做法，就正好可顺应“反者道之动”之规律。

善策者灵活

复杂环境，无常变化，凡事有度，能应时调整，决策必须要有灵活性。智慧决策，以无常为常态，顺势而为，因势利导；随机应变，因变制宜，这就是决策所需的灵活性。决策，如何做到灵活性？需修炼自我，以保持资源冗余，时间放松，多手准备，快速响应。

在《做生意的艺术》一书，特朗普指出，留有余地，凭灵活性保护自己。什么事都会发生，即使最好的计划，也难预料无常变化；大多数新项目，都可能失败，不要过于依赖某一项生意或某一种方法；一旦决定做一笔生意，需做多种预案准备，以确保其成功。

人越忙乱，越需留空。在《精要主义：如何应对拥挤不堪的工作与生活》一书中，格雷戈·麦吉沃恩指出，我们的头等大事就是，确保我们有能力，做出关于什么才是头等大事的决断。时间留空，充足睡眠，可保护我们最重要的智慧资产：思想、身体和精神。

许多成功企业的最终失败，主要原因在于“不假思索地贪多求全”。成功企业，面对更多机会，看似有可能求全做大；但若来者不拒，项目遍地开花，就易精力分散，终陷自毁败落。保持决策灵活性，需要有时间思考，做到进退自如，其关键在于舍弃退出。

许多人总感觉，事多忙不完，实际只因内心认为“一切都很重要”。这种想法，带有自我强迫性，若转变看法，变成“一切都不重要”，或许就可获得自我释放。真正重要的事，总是非常少，将精力专注于少数重要事情，心态或许就可淡定从容些了。

不可预见未来，面对无限选择，智慧决策需学会放弃。放弃，才有可能腾出精力，作为冗余缓冲，裕量储备，以应对偶发事件；才有时间深入考虑，如何纠偏补偿，留出容错余地，确保做事到位。放弃、放松、留白，反而更能提高效率，这看来有点反直觉。

反转看适度

在《鞋狗》一书中，菲尔·奈特指出："那些要求企业家永不放弃的人，就是一群骗子。有时你需要放弃……实际上，人生没有什么不能放弃，只有主动放弃或者被动放弃的差别。在创意领域，许多情况下的放空，自然就意味着，为新想法腾出了空间。"

放下"永不放弃"，才有可能"重新再来"。保持决策灵活性，需放弃一切既定的"预设"与"期待"，留足应急备用的能力与资源，如时间精力、现金储备、富余人才等。如此面对新变化，遭遇突发意外，才可真正做到手中有粮，心中不慌，淡定自在。

忙与闲，行与思，需适度。想太多，易忘了行；行太多，易忘了思。肩负决策重任，人们的习性反应更易承责太多。要做到凡事有度，需对思维与行为进行反转调整。老子说："反者道之动。"反转，对人之平常行思倾向，做逆向修正，正好契合自然之道。

物极必反，凡事需有节制。"人无我有，人有我优，人优我廉，人廉我转。"反转，矫正人性本能，才可凡事有度。例如，讨论企业未来发展，市场处于低谷时，提出有所增长的目标，或许更加可行；市场处于峰顶时，采取主动回调的做法，也许更有必要。

企业发展阶段不同，采取的做法应有不同。例如，创业刚有成，实力仍弱小，要防止无意之中，因成功而自喜，自喜而自大，需注意低调隐形，以免引来不必要竞争。企业已做大，要防不经意间，财大气粗，盲目扩张；大而不强，管理僵化，结果致活力下降。

知止不殆，凡事适度，底线不违，走无偏正道。现实多变乱，动荡不确定，怎么做？左不好，右不好，不左不右，甚妙。有时稍左些，有时稍右些，长期看，如此恰好，走在不偏不倚正道上。企业决策，涉及多目标考量，若不能同时兼顾，或可如此错时安排。

适度话管理

反者道之动，思维“正反合”，仅一个“反”字，就可克服惯性思维，冲破对“正”命题之迷执，实现对事物正反合的通透了解。许多情况下，只需反问：“为什么要……”“为什么不要……”“为什么能……”“为什么不能……”就易警觉到习性反应。

觉醒习性反应，修正行为惯性，才可凡事适度。在这里，适，就如治病需要对症；度，好似下药应有剂量。古人说：“世间万物皆有度，无度胜事亦苦海。”“饥饱无度则伤脾，思虑过度则伤心，色欲过度则伤肾，起居过常则伤肝，喜怒悲愁过度则伤肺。”

生活中处处离不开度。管理涉及许多人与事，更需掌握“适”

与“度”。一方面，历史不会重复，有机系统演化过程，时间上单向不可逆，需与时偕行，不断调整；另一方面，阳光底下无新事，人性本质不会变，无度扩张，恶性竞争，仍需加强自我修炼。

管理适度，关键在分寸与尺度。企业经营，生死存亡，无论从哪一角度出发，重在防患未然，对症下药。例如，规模大与小，业务多与少，速度快与慢，其所涉及的精度、准头与力度，均需判断与选择，要有智慧与远见，才可把握。毋不及，毋太过，宜恰好。

先后与关键

古人说：“物有本末，事有终始，知所先后，则近道矣。”行动“若则否”分析，有助于帮助弄清事物的“本末、终始、先后”，从而为更好做事提供流程指导。人们的时间精力有限，企业人财物资源稀缺，无法同时处理众多事情，必须进行先后计划。

对事情进行先后计划，更多基于方便做事的考虑。例如，人的大脑，只能串行处理，也就是按时间顺序，一件一件地完成工作，无法并行处理许多事情。如果同时展开多项任务，大脑的注意力需不停地在不同任务之间切换，结果就会影响其工作效率与质量。

做好事情先后计划安排，有助于提高工作效率。例如，一段时间，专注完成一个事情；一个团队，聚焦于一个项目；一个部门，专门分管一个领域。如此安排，有助于让人精力集中，从而更有利于把要做的事，真正地做到位。划分先后，不等于分出主次。

有机复杂系统，各种要素及组成分部之间，存在着交互影响，很难分清主次，划分关键与非关键。面对不确定环境，未来不可预见，专注当下必须做的事，努力将其做好，随着情况变化，需要灵活采取应对措施，而人为事先预设，关键与非关键，似乎没必要。

反者为正解

对反向信息，做正向理解；对正向信息，做反向提问。如此拓展思路，更易实现反转创新。例如，对于人们担心，未来变化可能致自己落伍，不停追问未来技术走向，不妨反其道而行之：未来不可预测，需把精力聚焦于，未来什么不会变？顾客仍需什么？

运用反转提问，了解反向情况，有助于达成对事物的全面了解。例如，关注企业如何做强做大，需先弄清“企业如何衰败”，若能回避衰败，自然就可做强做大。注意接触各种不同的人，你欣赏的人，欣赏你的人，讨厌你的人，你讨厌的人，广泛听取意见。

听不到、听不进异见，无法了解反向信息，就难做出反馈调整。

例如，有业务新星，恃才傲物，听不进同事的任何意见，看不到自己业绩的取得，得益于周围同事的支持，结果搞得上下左右的关系很紧张，最后被迫离开公司。如此做派，到新单位，结果如故。

自我感觉，是否特别良好？关键在于度的把握。考虑到对于自我效能的影响，适当夸张些的自我感觉，可能有利于自我信心与勇气的提升；只是若过了头，则可能导致太过自信与自以为是，就有可能变成负面的狂妄自大，让别人感觉很不爽，就会有副作用了。

强大且灵动

很多企业盲目扩张，一心想着大而全，结果“活得累，死得快”。企业经营，“活得好，活得久”才是硬道理，“小而美”也不失为一种活法。人们欣赏小而美，灵活机动很自在；却又不舍大而全，感觉如此才有面子与气派。做到既强大又灵动，是否有可能？

世上没有免费的午餐，有时看似天上掉馅饼，实际上只是代价没有看清。面对各种诱惑与威胁，需静心反转思维：充满期待，有点贪婪时，需考虑市场需求有多大？自己真能做什么？担惊受怕，有点恐惧时，需考虑最坏的结果是什么？自己不能做什么？

对于大公司的经营，若能兼容小而美的灵动，并非绝对不可能，其中面临的最大挑战是人性，需要做到边做大，边放手。就管理的自然倾向而言，通常总是这样的，公司做大，部门林立，各自为政，诸侯割据，离心离德，难成合力，大而僵化，就成必然。

公司做大，又能小而美，就需保持组织灵动的基础不变：基层一线团队，自主决策权不变，顾客为中心宗旨不变，满足市场为目标不变，顾客满意为成果不变。为此，随着公司做大，组织要不断裂变，权力需不断下放，如此才有可能，维持市场灵动性不变。

临事有静气

古人说："每临大事有静气，不信今时无古贤。""宠辱不惊，看庭前花开花落；去留无意，望天空云卷云舒。"青葱岁月，斗气好争，时间历练，或可聚静气。智慧决策，涵养静气，临事沉着，心中不慌。这样的行思模式，始于平常积淀，直至扎根心田。

企业重大决策，多受环境影响，无意中会觉得，机不可失，时不我待，结果少了静气，多了浮躁，仓促决定，后果多恼。人生与企业经营，经历多少事，过后回头看，似乎一切都不那么急切，没有什么机会是不可放弃，如此思考，应对挑战，可从容不迫。

欲速则不达

“其兴也勃，其亡也忽。”快速成长，快速灭亡。企业经营，快速增长与稳健发展，是一个硬币的两面。过度追求当前的快速增长，容易疏忽长期的稳健发展。人们常说“不怕做不到，只怕想不到。”能想到的过往经验，有可能成为预设，反而不利未来成功。

面对变化的环境，过往不等于未来。此前的快速增长，在未来不可能持续；此前的缓慢启动，有可能迎来未来的爆发增长。这一切，充满不确定，不由人的意志为转移。企业所能做的，就是虚心静气，不预设，不猜测，不评判，创造价值，满足顾客需求。

许多远见卓识，扎根行动，都是慢慢来，最终反而快。对于这一点，人们不是想不到，而是本能不愿做，最终行动没做到。例如，凡事有度，底线不违，冷静看，谁都认同。现实中，出于人的自然倾向，通常都是好事更易做过头，防患措施容易不到位。

成功者，一般因为大胆果断，敢闯敢干，才从竞争中脱颖而出。企业发展到一定程度后，必须有意识地转变风格，在积极进取、勇往直前的同时，注意知止不殆、有所不违。考核体系，更易衡量短期业绩，难以评估发展后劲，需适当调整，才可关注长期稳健。

知止，需加强有意识修炼。适可而止，并不是“不思进取”，只是让人们停下脚步，留出点时间，反思，复盘，总结，提高，以利更好地行动。许多大事，由小事累积而成。遇小事有静气，能够沉着应对，如此形成习惯，最后即使遇到大事，也可从容淡定。

不停地忙碌做事，在人们潜意识中，总是胜过闲着无事。积极进取，一直被认为是上进的表现，向前、向前、再向前，快速、快速、再快速，成了许多人行动的默认选择。感知越灵敏，反应越迅速，振荡越严重，失稳更可能。欲速则不达，决策者不可不察。

知止近乎勇

研究表明，反应快慢与实施效果之间，存在"钟形曲线"关系，而非单向的线性关系。快速决策的压力，会影响决策的质量。在快速向前的激情中，人们更可能变得自我迷执，一味追求发展，忘记安全底线，背离价值创造的根本——"增加收益，降低风险"。

激情冲动，快速反应，会导致决策质量下降，使得行动效果大打折扣。随着公司做大，涉及的各方面因素增多，需处理的关系变复杂，此时更需要静心思考，以做出更具远见的决策。现实中，从许多在危机中垮塌的大公司身上，可以看到决策失误的影子。

许多大公司的垮塌，多受自己的欲望或失误拖累，而不是遭遇外部竞争所致。有些公司做大，各业务之间紧密联系，甚至相互担保，如此看似铁板一块，牢不可破，实际上却意味着，各业务板块之间，缺少护城河或防火墙，没有风险隔离机制，极易一损俱损。

认识到自己的局限，才可能做到知止。伴随着企业做大，财富增多，权位提升，必须看到，组织规模增大，业务边界扩展，经营疆域拓宽，会超越决策者个人认知之极限。学会放下、舍弃、忘我，从集权受控转向分权失控，决策者才可能继续做到管理适度。

知止，不限于规模做大后的行为，更在于考虑是否做大时的淡定。企业发展，是否要做大？回答这一问题，需经“正反合”与“若则否”的考量。做大，不应成为无意识决策的默认选项，在未经有意识审视前，就成为自然选择。选择不做大，更需决策者勇略。

企业小而美，现金流充沛，口袋中现金增加，人的欲望会相应膨胀。控制住欲望膨胀，使其不超越适度范围，企业经营才能走得远。知止近乎勇，不仅表现在自我控制，时刻保持清零的心态，不忘初心，谦卑前行，还表现在市场竞争上，不争之争无所争。

好事不过头

知止，是一种反转式智慧。人本性存贪心，成功者易狂傲。创造价值，满足顾客，更多需要积极进取，有所作为；知止不殆，凡事适度，坚守底线，更多强调“有所不违”，这看起来似乎反人性，实则体现了大智慧。不将好事做过头，才可预防好事变坏事。

好事不过头，在非线性反转前，主动停止向前，做到凡事适度。这是在危险来临前躲避，在大厦将倾前逃离，在量变积累到质变前，全身而退。知止，需要智慧决策行思模式修炼，必须具备极大的勇气。它所挑战的，不只是周遭的目光，更是内心的欲望。

每临大事有静气，在滚滚商潮中稍退，从纷乱竞争中脱身，停止盲目的奔跑，停止无谓的追逐。看看自己当下的所作所为，有无偏离了初心——忘我利他，创造价值。好事不过头，需静气问心。有人说，心比脑更实诚、更通透，而人们用脑过度，用心不足。

好事不过头，依据是什么？适度看什么？关键在市场认同，顾客所需；品质可靠，使用安全。抽象谈论产品极致，容易忘掉顾客需要。就如某办公软件，曾称功能强大，绝大部分用户只需其中的5%，这反过来是否意味着，其余95%的功能，根本没必要？

努力与成效

许多软件产品，设计精到，功能齐全，远超顾客所需，占据大量系统资源，推动顾客硬件升级。对企业来说，软件升级，推动硬件更新；硬件更新，带动软件升级，如此互相促进，加速产品的更新换代，大大提升各企业产品的销售。只是顾客感觉很无奈。

基于忘我利他考虑，有些事，企业努力，顾客会有价值提升；还有些事，企业努力，顾客价值提升有限，甚至还受干扰，也即产生负价值。许多负价值的产生，除了有些是企业故意误导市场，更多的是出于企业内部管理的需要。消除负价值，可获双赢成效。

创造价值，必须基于顾客需求，而不是企业努力。判断一项活动是否有必要，要看是真正满足了顾客需要，还是仅仅消除了顾客不满。从这个角度看，顾客不需要的服务是累赘，最好的售后服务是免服务，最好的产品保修是不用修，最好的管理是无管理。

例如，有些企业，为了搜集顾客信息，进行市场需求分析，要求顾客加微信，填问卷，挑选项，增加了许多无谓的麻烦。另有企业，为了加强对内部各服务环节的监督与考核，安排各种形式的售后回访，让顾客接听电话，回复邮件等，增加了自身管理成本。

从整个社会的角度看，努力与成效，可能还需要考虑：谁付出？谁受益？例如，随着人工智能的变强，可能会改变许多人的生活方式，让一部分人受到冲击，而让另一部分受益。特别是，少数人财富大增，多数人饭碗消失，不知这到底该担忧？还是该庆幸？

大众创业，万众创新。例如，有家小企业，拿到数百万元融资，迅速招聘高薪经理，扩张人员规模，更换大的办公场所，提供员工与大公司同样的福利，贷款送企业中层读名校 EMBA 等，就不知准备拿什么开发产品，打开市场？定位哪些顾客？满足哪些需求？

目标与行动

创造价值，抗御竞争，要有特色。构建特色，需要专注、聚焦。问题在于：到底该专注到怎样的程度？聚焦到多大的范围？一个职能领域，一个行业，还是一个产业链或一个价值网呢？最终还是看成效，是否达到吃透精通？有无形成独到见解或绝妙做法？

许多时候，目标，理想，梦想，想多了，无意中人的自我就会随之膨胀。如果忽视行动的可操作性，这样的目标与理想，最终就易变幻想、空想。想将企业迅速做大，是人之自然倾向，只是这样一来，若修炼不到家，就易心浮气躁，精力分散，专注不再。

知止不殆，凡事有度，底线不违，关键在定力。围绕忘我利他，保持自我定力，能够确定目标，就咬定目标行动；无法确定目标，就专注事情行动。无常环境，未来难料，只有行动，可以凭借。如此干一行，爱一行，专一行，以不变应万变，有普遍适用性。

将一件事，做深做透，达到专家水平。这需要恒心，精诚所至，金石为开。有人说，十年干一件事情，与一年干十件事情相比，回报肯定不一样。十年干一件事，如果只是简单地重复，最终只能练出个熟练工；如果是不断思考，每次都有改进，或可成大师。

逆本能修炼

从根本上看，本书涉及的各篇主题，总体上都是基于反向修炼的智慧。这些智慧存在于实践之中，平常没有引起人们的重视，只有通过实践教训历练，才可获得亲证了悟。若能有意识地，运用“不评判”“正反合”“若则否”方式，加以开启，定将受益无穷。

修炼潜意识心田智慧，可从有意识的言行做起。言由心生，一个人的言语，会反映出其内心所思所想。对于这一点，人们似乎都清楚，但反过来，心由言生，可能人们就根本没有注意到。如有些人，当面说一套，背后搞一套，阳奉阴违，以为别人不知道。

从无意识修炼看，一个人，背后小动作搞多了，厥词妄议放多了，不仅会影响当时所处的秘密场景，还会在其他场景中，不由自主地表露出来，从而让人无意中察觉到，这显然会影响他人对其为人的评价。修身与修心，要慎独，要从私底下的言行做起。

进取，可凭本能驱动；知止，需要碰壁才能养成。“聪明人，从自己的错误中学习；更聪明的人，则从别人的错误中学习。”知止的重要性，对许多人，都是在事后追悔中，才真正体会到的。历史上有多少英雄豪杰，最终败在自己的不知底线，无度索取上。

许多冷静理性思考时喜欢，实际行动却做不到的东西，均需通过逆本能的亲证修行，才有可能逐渐感悟，直至成为新习性。知止不殆，凡事勿过度，思考也慎过度。面对无常环境，保持无知心态，通过行动过程，渐知事物真相，或许也是一种不错的选择。

第 6 章　底线不可违

世上除死无大事，活着才是硬道理。

——项保华《活着：企业战略决策精髓》

上一章“凡事皆有度”，主要讨论受客观规律制约，决策者必须行为适度，很想做的事，不能做过头了；不想做的事，要防止做不足。临事有静气，毋不及，毋太过，恰到好处。如此凡事适度，正好契合事物发展本质：“有机复杂性”与“反者道之动”。

适度，保证事物发展，处于可接受的范围以内。本章“底线不可违”，讨论知止不殆的极端要求，哪些是需要不断追求的境界？哪些是绝对不可触碰的边界？如果说，“凡事皆有度”，更多涉及做事中线的追求；则“底线不可违”，更多指出做事边线的制约。

具体地，本章“底线不可违”的讨论，分三个主题——“循道品战略”“淡定漫决策”与“守本致良知”，涉及潜意识之心田“真善美”修炼。循道，淡定，守本，界定人生或企业经营的使命与目标，确保智慧决策有明确的方向，即使无意中，行为也不跑偏。

循道品战略，聚焦发展大方向，强调集思广益，厘清环境、实力、使命，确立必须做与必不做的边线。淡定漫决策，聚焦流程制度，确保智慧决策不越线，以免临事即兴、忙中添乱。守本致良知，聚焦潜意识心田，通过自身智慧修炼，守住绝对不违的底线。

循道品战略

企业经营，使命与愿景，目标与成果，团队与行动，均需战略指引。战略怎么来？依据是什么？循道品战略，就很好地回答了这两个问题。循道，要求顺应客观规律；品，由三“口”组成，代表了众人参与、众望所归，即对内的集思广益与对外的顾客需求。

战略制定，吸引众人参与，有助于创意涌现、互信共识；战略实施，契合市场众望，有助于顺势而为、创造价值。战略，综合考虑内外环境要求，明确企业整体方向，需回答：业务是什么与不是什么？需做什么与不做什么？想成为与不想成为怎样的组织？

战略无中心

企业战略，不预设，不猜测，不评判，以便开放心态，灵活应对。如果要考虑以什么为中心，那就是以顾客为中心。环境无常变动，顾客需求多变，以顾客为中心，就是以变动为中心。如此一来，实际上就意味着无中心，即根据情况，灵活应对，与时偕行。

战略，涉及企业经营整个过程，需随使命、环境、实力而变，具有历史与情境依赖性，能因地制宜、因时调整。企业战略，实践行动，即使有中心，也只是一时一地之重心，而非永恒不变之中心。这才有“管理有永恒的问题，而无终极的答案”之说法。

面对变化环境，企业战略，尤需敏捷灵活。敏捷，可感知变化，及时响应；灵活，能洞察先机，适时调整。顺应环境变化，采取有效行动，更好地满足顾客需求，将机会转变成现实成果，这是企业战略之根本。智慧决策行思模式，可为此提供个人修炼基础。

企业战略，动态调整，关乎内外要素互动整合。内外要素众多，互动关系复杂，如何整合，难有定论。太过强调其中一些要素的影响，相对忽略其余要素的作用，恐失之偏颇。那些所谓的以机会为中心、以资源为中心、以能力为中心的提法，都易顾此失彼。

企业经营，即使存在可供人们学习借鉴的理论思路、原则与方法，也不可能有一成不变的实践招法。任何战略之“道”，都是“道可道，非常道！”需在实践运用中灵活创新。就具体企业而言，真正能持续的优势，就是实践探索，渐修积累，顿悟突破。

智慧决策，关键不在知，而在行。行，必须重视权变、创新与特色。从行的角度看，过度理性，隐含着预设，必将有碍开放探索。实践探索，既追求简洁，以轻装上阵，减少路径依赖，提升响应速度；又质疑简洁，防错过变化，疏漏重要因素，误判事物真相。

天道不可违

环境看不清，战略无中心，无法明确做什么，但可反转思考，什么绝对不能做，这就是天道不可违。企业经营，随机应变，需有底线。例如，安全大于天，责任重于山；平常没感觉，出事才后悔。基于安全考虑，主要涉及两个方面：身心健康与经营合规。

市场有竞争，未来看不清，活着不易，不死更难。有意识思考时，人们更多考虑如何求活，并且期盼活好，甚至活久；无意识行动时，实际却容易陷入死亡螺旋，只图眼前利益，忘了长远生存。许多看似有助于求活的“馅饼”，多潜隐着致命的“陷阱”。

企业经营，当欲望膨胀，压倒一切，就易疏忘有所不违。为了赚钱，急功近利，不择手段，毫无底线；终日忙乱，透支心力，不留余地。企业资源高度紧绷，人的神经一刻不松，稍有不小心，就易将企业与自己，做进法院或医院，甚至掉入监狱或地狱。

长期看，没有留足安全余量，常常贴着边线做事，就更容易不小心豁边出界。智慧决策，忘我利他，创造正面价值，勿增反面价值。无底线，毁良知；无余地，少生机；无柔性，难应变。不作不死，决策需要考虑有所必为，还必须注意有所不为与有所不违。

关注有所不违，明白什么绝对不能做，这是关乎人类生存的大智慧。有人认为，优秀的企业家，应该努力思考不做什么，要研究如何才能不失败。古人说：“生于忧患，死于安乐。”对于有所不违，当企业经营状况良好，一切感觉顺风顺水时，尤需注意！

天道不可违，所涉及的均是规律制约。有一种说法是，一切可以违背的“规律”，都是假规律。有些人，胆大妄为，执迷不悟，总觉得事在人为，罔顾规律制约。千空万空，因果不空，规律不可违。企业战略，需顺势循道，顺应市场需求，遵循做事规律。

正反面清单

“别看今天闹得欢,小心以后拉清单。”此话可让人警醒，为人处事要留余地，免得将来遭报应。企业经营，智慧决策，考虑防患未然，可事先自己拉清单，明确到底什么必须做与什么不能做。正面必做清单，代表企业追求；反面不做清单，划定经营边界。

正面清单，指明企业发展的方向，试图弄清：努力追求怎样的境界？希望成为怎样的组织？反面清单，表明企业回避的方向，试图弄清：肯定不做哪些领域的业务？绝对不碰哪些方面的边界？明确正反清单，才可给出使命、愿景、目标、价值观等完整表述。

拉出正反清单的做法，背后体现的是“正反合”思维方法。有时，正面问题不易回答，不妨试试反面问题，看看能否从中获得启示。有人说，“每当生活里不知道想要什么时，就先想想自己不想要什么。”排除了自己不想要的，或许可以更接近自己想要的。

有时，决策涉及选项太多，各有特色，想挑最佳，非常困难，此时就可采用排除法，这就是先从中挑出不喜欢的选项，从而缩小备选方案范围。根据反面清单，勇敢舍弃其中列出的不想、不要、不该、不可、不能的东西，有助于轻装上阵，集中精力探新路。

面对不确定环境，事态长期演化看不清，此时就可采取这样的行动准则：既然没有感觉不喜欢，内心不排斥，那就不妨试一试。想要什么，需要通过比较，必须经历边干边学，最后才可从中找到感觉，但不喜欢做此事的过程，却是自己内心当下就可觉察的。

创造价值，需鼓励有所作为；坚守底线，需严律有所不违。有人谈到，在民品制造部时，自己经常对别人说："好的，可试试。"后来调到危险品管理部，就变成了坚定地对别人说："不，这不行！"尽管说不行，经常会被质疑，引起争执，但却必须坚持！

舍弃才聚焦

"可试试"，涉及正面清单，代表了一种开放的态度；"这不行"，涉及反面清单，代表了一种规范的设定。正反面清单，涉及两个不同侧面，共同反映企业做事的整体要求。企业的正常运行，需使正反清单的要求，深入员工内心，成为其自觉行动的准绳。

现实中的正反面清单，并不一定有成文规定，更多体现在人们的行动中。例如，小企业，资源实力相对有限，通常业务相对聚焦，人们专注于如何把需做的事情做好，更多涉及的是正面清单。大公司，面对太多的选择，要防遍地开花，就更需明确反面清单。

成功的企业家，面临的最大挑战是，需明确反面清单，并严格自律"哪些事绝对不做"，否则，就易受各种机会所诱惑，在无意中掉进业务太过多元化的陷阱。智慧决策，核心在知止，要有忧患意识，留足过冬粮草；能够坚守经营底线，谨防盲目扩张。

做得好的企业，还会遇到另一个让人纠结的问题，许多投行找上门，动员企业上市，争取上市，还是坚持不上？其实回答这个问题，不如先反转思考：企业做好什么，才会被投行看中？才有可能上市？弄清了这一点，企业上市与否，就只是仁者见仁的事了。

对于成功人士来说，有了正反面清单，行动落实到位，关键还在舍弃。有了反面的“不能做”清单，只是划出了边界，排除了边界外的事，这并不意味着所有正面清单上允许的事情，都需要做，都必须做。承担太多的“必须做”，容易致每件事都做不到位。

人的时间精力有限，同时安排太多事情，每件事都难有充分的资源投入保障，自然做不好。根据你的时间日程表，顺次舍弃排在最后的事，直至你精力聚焦，足以做好余下的少数事。聚焦才可能做出特色，有特色才能变成市场唯一，从而成就你自己的品牌！

唯一胜第一

“唯一”，代表着与众不同，在满足市场需要上，其他企业无法与之直接相比较；“第一”，代表着相对最好，在满足市场需要上，相对于其他企业而言，做得更好。如此看来，与市场第一相比，做成市场“唯一”，更有可能锁定目标顾客，抵御同行竞争。

成为唯一，需要走出线性思维的误区，多想想“知止”“适度”与“反转”，以克服争抢第一的习性反应。现实中，只要市场有机会，每个企业都想成为行业老大。许多公司，为了维持老大地位，不惜高息负债，到处购并扩张，结果在无意中忘了安全“底线”。

企业战略，聚焦唯一，可实现错位竞争，促进整体市场繁荣，更好满足顾客的多样化需求。企业如何做唯一？可以运用反转思维方法，开阔思路，创出特色。例如，当产品分类太细，差异化过度，使得顾客选择困难时，可反向采取压缩或精简产品种类的做法。

当信息快速膨胀超越适度，顾客大脑不堪重负，面临信息加工压力时，基于逆向思维，则提供切实有效的信息过滤机制，为顾客筛选出决策所需的关键信息，帮助其克服注意力稀缺之局限，做出更符合自身利益的决策，可望成为一种非常有价值的特色服务。

唯一与第一，本质上体现了两种不同的战略取向。争抢第一，容易疏忘唯一，结果走向竞争趋同。即使借助资本力量，通过“烧钱”汇聚人气，形成网络经济性，如果没有经营特色“唯一”性的支撑，最终就只是进得去、守不牢、赚不了或巨亏的“烧钱”游戏。

做“唯一”，需专注顾客需求，聚焦研发创新，不断迭代改进。争“第一”，更多比拼规模，最终老大只有一个，其他企业怎么办？例如，某公司面临太过多元化，试图进行修整时，曾提出非世界“第

一、第二”的业务不做的标准，这当然只是一种特例。

成功防预设

讨论企业战略，需要集思广益。古语说：“上士闭心，中士闭口，下士闭门。”闭心，可理解为没有先入为主的意念；闭口，指不随意发表自己的看法；闭门，指消除环境对于自己的干扰。对于决策者来说，为听到不同想法，需注意“闭心”与“闭口”。

闭心，闭口，再加不评判提问，然后能耐心倾听，就可表明决策者真的想听建议，会无形提振人们的发言激情。不评判提问，不预设，不猜测，对事不对人，重在弄清情况，而非质疑人。就如胡适所说：“做学问要在不疑处有疑，待人要在有疑处不疑。”

人在感觉自己比较了解情况，自认为很有知时，无意中更可能带有预设与成见，从而妨碍以纯净平等心，客观倾听不同意见。人际交往，存在第一印象，容易变成预设。对于各种无意识中形成的预设，若能秉持无知谦卑心态，就可自然放空，以排除成见。

有分别心的预设，相当于是一种评判，会影响心态与行为，结果影响到观点交流。设想一下，当你觉得人家是生手、菜鸟，对问题根本不懂时，在不经意间还会表现出平等相待吗？对于人家所提出的看法，你还会觉得很有水平，须认真倾听，积极采纳吗？

预设，代表了一种自动快速的习性反应，如思维模式与行为模式等。其利的一面，在于帮助提升效率；其弊的一面，在于可能导致思维线性与行为惯性，从而阻碍对新事物的接收与创意的产生。去成见，不预设，须如老子所言："为学日益，为道日损。"

对于成功企业来说，决策者更易掉入预设的陷阱，以经验的眼光，看待新出现的事物。例如，对新、老业务，采取相同的评判标准，处于统一的部门领导下，这些自然会不利于新业务的孵化。为了扶助新业务的成长，必须采取与原有业务不同的做法。

淡定漫决策

对于决策者来说，淡定是一种心境。无论决策前后，均无受迫与担忧之感，仍能如常生活，"吃得下饭，睡得着觉，笑得出来"，大概可称为淡定。漫是一种状态，是指决策的自然而然、水到渠成，就如苏东坡诗曰："日高人渴漫思茶，敲门试问野人家。"

古人云："缓事宜急干，敏则有功；急事宜缓办，忙则多错。"淡定漫决策，表示了"悠然见南山"的心态，不为环境形势所迫，不在急切中为决策而决策。这样，不经意中远观静思，"正反合"

“若则否”考量，遍历多种可能情景，可开启潜意识心田智慧。

淡定自适应

淡定的心态，不预设，不猜测，不评判，随缘自适，决策会更智慧。现实决策，多见评判式断言，诸如“这是错误的”“这是故意唱反调”“这种说法不专业”“顾客不需要这个”“这只是少数顾客的要求”“我早就知道”等，其中均隐含主观预设与猜测。

预设与猜测，作为一种成见，会在无意中干扰人们的倾听。例如，听到一种新见解，若与自己过往经验或成见相冲突，人们不经意间就会生发出质疑、反击甚至贬低的声音，试图捍卫自己心底存在的固有观念。身处高位者，易听力变差、口才变好，尤需自警。

评判，断言，无意中会显示出居高临下，掌握一切。作为决策者，需加强修炼，放下虚幻的自我面子，不要以为自己无所不知，学会以无知谦卑的心态，提出适当的开放探索性问题。不预设，提对问题，认清问题本质，找到源头方案，更反映决策智慧。

面对顾客提出的期望，谈到的痛点；对于别人表达的意见，提及的看法，若能不评判，不断言，就只是无预设地倾听，你觉得结果将会怎么样？在平常与人的交流中，如果出现观点分歧，你是如何避免双方冲突的？一旦陷入冲突，你又是如何走出困境的？

淡定，可放下自我，消除预设与猜测，开放包容各种观点，从而看清事物本来面目。事物本来，一体多面，许多分歧争论，只是“若则否”前提不同，各自看到了不同侧面。大家相互信任尊重，少质疑评判，多接纳异见，易开阔思路，把握事物整体真相。

例如，谈到领导授权，人们总觉得，需厘清责权利关系，应该讲究责权对应。殊不知，面对多变环境，可能发生什么事？正反面清单怎么定？均难回答。此时责权本身根本说不清，大家最需互信并达成共识的是，当责大于权或者权大于责时，到底该怎么做。

繟然而善谋

老子说：“天之道，不争而善胜，不言而善应，不召而自来，繟（chǎn）然而善谋。天网恢恢，疏而不失。”这其中的“繟然（坦然、宽舒、缓缓的样子）而善谋”，更多体现的是顺势循道，规律使然，而非人为的殚精竭虑，精心算计。随意不刻意，才善谋。

现实中，问题在于，有时机会稍纵即逝，需要果敢决断；又有时欲速则不达，需要慎思明辨。事情急缓轻重，其本身如何评判？怎么决断？考虑到人的习性反应，面对意外事件，机会诱惑，通常即兴表现，多是急切过度；决策修炼，知止不殆，更宜“漫”。

“漫”，不是“慢”。人的大脑思维与行动反应能力，随年岁增长而呈非线性变化，超越过一定峰值后，会逐渐显现自然退化倾向。企业经营，面对变化无常、竞争激烈之环境，对人的心力与体力，有着很高的要求。需人才更替，分权授权，以保发展后劲。

学会授权，需放下自我中心预设。自我，最容易膨胀，且很难自察。人们常以自己为中心，觉得自己特能干，对别人都是不放心。例如，比自己年轻的，认为不稳重；比自己年长的，觉得太保守。不管怎么说，自己最靠谱。放到时间长河去考虑，是这样的吗？

“人贵有自知之明。”“江山代有才人出，各领风骚数百年。”体力、精力、判断力，超过一定年龄后，会下降；信心、壮心、自尊心，随着位置上升后，会增长。天道不可违，面对客观规律，如此“力降、心长”，长江后浪推前浪是必然。老骥伏枥又奈何？

位高权重，自信满满，盲目决策，少有制约，这是企业潜隐的决策制度风险。有许多企业家，在经历了重大决策失误后，现身说法指出，当你在组织中成了绝对权威，没有人愿意或可以对你提出质疑或挑战，那么企业就很有可能，因为你的错误决策而遭灾。

明智去权威

防止因绝对权威，而导致群体盲思。必须看到，决策是件劳心费神的事，人们注意力资源有限，本质上能规避就规避，让由潜意识自动处理，而不太愿意调动意识做决策；如果人们积极参与决策，错了有责罚，对了无鼓励，那么就更没有人会犯傻主动出主意。

企业内，有人主动愿意给你提意见，至少表明他是少数的愿意费劲思考者，如何让这样的少数人，保持不断提意见的热情，是一个挑战。决策最终要有人决断，过程最好有众人参与讨论。没有参与，难有分享；缺少讨论，难有共识；没有决断，难有行动。

众人参与决策，你做得如何？可以自问：主持会议，你征求众人意见时，大家发言是否踊跃？如果发现，开会少有人发言，难题没有人出头承担，作为企业的决策者，你或许要反思：对于建言者，你是否听得少说得多？对于行动者，你是否鼓励少而责难多？

事实胜于雄辩，那是行动结果；雄辩胜于事实，那是纸上谈兵。领导善辩，舌战群雄，看似威武，结果堪忧，人们会因此识趣，自然地变沉默。众人变沉默，领导一言堂，权威渐形成，组织群体智慧丧失；决策过程少人参与，掌握信息可能不全，易失误！

领导不当权威，大智若愚，可开启群体智慧。主持决策讨论会，不预设，不猜测，不评判，以无知谦卑态度，多做启发式的探索性、建设性提问，以纯净平等心倾听，让人们畅所欲言。企业经营，创造价值，满足市场，最高权威在市场，其余的人都应是服务者。

大家都是服务者，围绕满足顾客需求，同心协力，做事到位，共创特色。这样的组织，随整体规模变大，自主决策单元增多，每个单元的规模维持相对不变，就仍能做到响应灵活。公司整体去权威，“不评判、正反合、若则否”的决策智慧，需扎根到单元。

人太忙无智

对每个人来说，“不评判”“正反合”“若则否”的智慧决策行思模式，需有意识的长期修炼，才可能深入潜意识的心田，成为自觉自发的响应。有意识修炼，需要大脑注意力的介入，人太忙就有可能被疏忘。毕竟大脑注意力稀缺，无法照顾到太多的事。

重大决策，涉及复杂因素，需要舒缓时间，大脑才有精力处理，不能太过追求快速。企业经营，不看响应速度，而看行动效果。要想行动有效果，决策必须高质量。事多，人忙，心烦，时间急迫，没有相对放松的心境，怎么形成富有创意的周全解决方案？

古人云：“事变非智勿晓，事本非止勿存。”知止不殆，智慧决策，没有大脑有意识的介入，仅凭人之本能反应，很难做到。应对复杂事务，大脑分心乏术，只能顺序逐一处理，不能同时对付许多事情，若是被迫如此做，那么思维的效率与质量都会下降。

与齐头并进同步开展多件工作相比，一段时间集中精力完成一件工作后，再接着开始新的工作，效率与质量都会更高。这一点，不仅反映在大脑稀缺注意力的使用上，也体现在公司有限资源的配置上，太过分散地投资多个项目，可能每一个都难有结果。

在时间安排上，人们存在着线性思维，无意中倾向于认为，把时间日程排满，不留任何空闲，就是尽心尽力高效率，而相对忽视留空、冗余，对提升大脑工作质量与效率的重要性。还有更重要的是，忽略了时间与精力等安排，对做事效益存在着非线性影响。

做成一件事，一鼓作气，一气呵成，一举突破，不仅花费的时间、精力、资源相对比较少，而且完成的质量也相对比较高。反过来，“三天打鱼，两天晒网”，即使花费同样甚至更多的投入，可能最终事情还是做不成，甚至勉强做成了，效果也会不如意。

急事宜缓办

知止不殆，凡事适度，底线不违。做事，不仅是投入，还有投入的安排，均与完成的效果存在非线性关系。投入需适度，太少做不成，太多会浪费；安排需适度，太紧易出乱，太松会拖黄。基于此，急事缓办，免得临时加塞，破坏原有适度，也算底线规律。

企业发展，项目投资，时间安排，与效果存在非线性联系，贪多嚼不烂。现实中，因太忙而无智，主要是因为放不下。受机会诱惑，为欲望驱动，承担了太多的事，把自己忙得像陀螺，大脑疲惫接近崩溃，甚至连正常的睡眠都无法保障。健康安全的底线呢？

谈健康安全，并非危言耸听。现实多闻“过劳死”，真正累着的多是精英。有人调侃说，经理中流传着这样一句话，“我们死了以后再睡觉。”如此做法，怎么能有可持续性？又怎么保障决策的效率与质量？老子曰：“知足不辱，知止不殆，可以长久。”

人生是一个过程，做事需细水长流，以葆智慧源头可持续。为了做更多的事，只凭加班加点，难持续；更何况，关注努力，并不代表成果。留空，冗余，余地，对于有机系统来说，是效率，是质量，更是持续之根本保障。慢慢来，反而快；做得精，更易成。

一个人赚钱越多，越觉得时间宝贵，不愿空出时间休闲，结果压力反而变得更大。赚钱原本为更好生活，最终却成了生活就为赚钱更多。目标专注，取得成绩；机会增多，来者不拒；承担更多，千头万绪；精力分散，疲于奔命；多而不专，未来堪忧……怎么办？

这里反映的就是人生的非线性过程。紧急的事，易唤起注意，但紧急不一定都重要。重要事情的完成，常需整块时间才行。急事宜缓办，做到这一点，需有冗余安排，考虑到环境不确定，对于突发重要的急事，就可交由预备队完成，其余事情自可做缓办考虑。

放下或更好

重要的时段，完成重要的事情。有些事情复杂，需要花较长时间，才能有效解决，一时难以安排，必须延缓考虑。延缓，既不打断当下节奏，更可保证决策质量。应对任何问题，至少有两种办法，一是直接完成它，二是暂时放下它。前者凭本能，后者需智慧。

有些人，由于放不下许多事，就希望通过提升自己解决问题的能力，以应对自己所面对的众多事情。为此，报名参加了各种学习班，结果反而占用更多的静思时间。实际上，提高效率，最需要做的是减法，放下，舍弃，放空，只留少数你能淡定漫决策的事。

暂时先放下，既可作为缓兵之计，也能用于长远考虑。环境在变化，有些事情，过后可能自然消失无须做；还有些事情，过后时机成熟完成很容易。怎么放下事情？不妨自问：此事若不做，后果会怎样？如果回答是没关系，就可大胆放下，根本不必理会。

如果后果看不清，可按最坏打算来分析：对可能获利，尽量低估；对潜在风险，尽量高估。如此决策，当可无悔。作为管理者，如果不是独行侠，遇到重要事情，还有另外的选择，这就是看一看：是否可外包处理？是否可交他人代劳？这样或许可找到新办法。

把事情交由其他人，涉及管理授权，想到容易做到难。例如，有些人可能不太放心，担心授权后会失控；有些人诚心愿意授权，却感觉有点授不下去。不太放心，代表着骨子里的自以为是，需要放下成见；授不下去，可能涉及如何授权方法，需要实践练习。

管理授权，涉及两种权，肯定权与否定权。肯定权，代表你想批准做什么，就可真正准许做什么；否定权，表示你想阻止做什么，就可真正不让做什么。推动做事，需肯定权；风险监管，要否定权。企业中，若否定权泛滥，肯定权不足，人们主动做事就很难。

无常话决策

地球缺了谁都会照样转，只是当事者自我感觉非如此。人生本质是过程，在未来看不清时，坦承自己的无知，以谦卑的心态，放弃万事可控的幻想，只需守住安全底线，接纳当下的纠结无奈，体验开放探索的心境，或许一切皆可放下，随缘，处处可结缘。

智慧修炼，离开具体需要做的事，无法提前做准备。在信息爆炸时代，那种试图提前储备所有知识，以应对各种变化的想法，既不现实，也无可能。此时寻找知识很容易，在行动过程中，事上练，干中学，遇到问题，缺什么找什么，如此学习，更简单有效。

因果关系清楚，做好因即可自然导致果，此时强调过程保障很重要；因果关系不明确，受众多不确定因素影响时，只能八仙过海各试神通，看谁更能成事。这意味着，面对有机复杂系统，未来变化不可预见，理不清过程因果关系，就只能更多地看结果说话。

在不确定环境中，按照结果导向做投资，可用“正反合”“若则否”方法，就环境变化对项目后果的可能影响，进行多种情景规划，通过构建应变预案，以保障项目成功。经过这样的分析，只要发现项目的最坏后果，仍在可接受范围，就可作为备选的预案。

应对不确定，在资源许可范围，可多做尝试与变革。若发现资源紧张，则变革的关键就在于学会放弃，以免积重难返。现实环境错综复杂，既熟悉又陌生，既确定又不确定，或许最好的应对方式，就是始终如一，不猜不预设，以无知谦卑的心态，接纳未来。

以无知心态看未来，把人生当作过程历练。面对没有做过的事，如果最坏结果也还行，就可做点尝试，以体验新生活。面对两个选择，一个选择的结果很清晰，基本可预期；另一选择的结果看不清，但纵使最差情况仍不错，就不妨试试后一选择，或有意外惊喜。

守本致良知

智慧决策行思模式修炼，需要最根本的价值指引，这就是“守本致良知”。对于决策者来说，“本”就是指潜意识心田中的“真善美”，“良知”就是基于心田而来的行为准则。“守本致良知”，指明了“知止不殆，凡事适度，底线不违”根本依据之所在。

“本”与“良知”，就是人之光明自性或圆明本体，常被各种虚幻的自我感觉所蒙蔽。通过智慧决策行思模式修炼，可彰显临在自性与本体。“知止、循道、淡定”，会有助于放下自我，去除各种预设、猜测、评判、期待、成见等，从而达成“守本致良知”。

守底线而稳

人生与企业经营，反转“守本致良知”，可获镜像式智慧，这就是底线不可违。类似这样的镜像式智慧，不存在于人类追求成功的经验常识中，而存在于人类遭遇失败的深刻教训中。这样的智慧，代价高昂，弥足珍贵，只是人类自傲，不易吸纳，屡屡违背。

底线不可违，什么是底线？底线，就是指各种绝对不可触碰之行为，一旦触及，受因果规律支配，就将发生不可承受、无法接纳、难以逆转之后果。守底线而稳，属于防患未然，平常坚守底线，行为处于界内，结果当可消灾免难，这易使人们疏忘底线之存在。

为了感受底线之存在，需记取他人血的教训，千万不能以身试险，因为后果承担不起。安全不知其重要，事故临头悔却晚。底线不可违的镜像式智慧，在许多格言警句、生活禁忌中，均有广泛体现。例如，“积善之家，必有余庆；积不善之家，必有余殃。”

底线不可违，要修炼到直指心田，最终使得人们如规避危险那样，本能地远离底线，行在适度的边界内。例如，安全，生存，不死，对生命来说，就是最基本的底线。企业经营，“活着高于成功”“安全先于速度”“不做赢得起而输不起的生意”，就是底线。

人生与企业经营，活着，活好，活久，只有“不死”才有一切，这是不能突破的底线。忽略了这一点，就易胆大妄为，罔顾警示红线，直至触及底线，自作孽不可活。工作，赚钱，为改善生活，更好地“生”与“活”；工作过度，赚钱失道，易进医院或法院。

世上除死无大事，活着才是硬道理。企业经营，长治久安，需规避三大陷阱：四处出击，一味扩张，不顾其他，财务上现金流不畅挤死；恶性竞争，快速增长，疏于把关，质量上市场失信誉坏死；急功近利，投机取巧，歪门邪道，品德上流程不合规猝死。

好好做生意

生意，生意，需要明确生存的意义。意义决定了企业经营的方向，方向跑偏，易陷魔障，很难自拔。作为生命有机体，存在的意义，或者说生存的目标，就只是为了进一步的生存。好好做生意，知止不殆，凡事适度，底线不违，既是过程，也是目标所在。

过程与目标，在时间维度上是连续体，相生相继，互为因果，只要不死，生生不息。做生意，太过关注成果目标，易忘服务体验过程，结果生意变成了纯粹功利，渐离了过程生气，经营也就失去了原有的意义，企业也就没有了持久活力。没活力，何来生意？

活力即生意，生意即活力。生意与活力，底线是不死。好好做生意，创业，创新，核心在创造价值，增加利润，降低风险。降低风险，不是转嫁风险。企业经营，不能以邻为壑，以免破坏共栖生态。不给别人留活路，易引发报复性反击，两败俱伤走不远。

有人说，“人在江湖飘，哪能不挨刀。”对于挨不住的刀，需时刻警醒规避，这就是底线不可违的本意。“宁可盈利不做大，不要做大不盈利。”做大规模争第一，不如扎实盈利当唯一。争第一，易引发市场冲突；当唯一，打造自身特色，或实现错位共生。

当唯一，创特色，好好做生意，需聚焦顾客，淡定取舍，创造价值，底线不违。具体地，可采用“三心二意一平衡”的做法，这就是：平常心为人、敬畏心做事、进取心修行，兼顾利他与自利两方面的意趣，以实现长短期、跨职能、上下游的现金流平衡！

在行动落实上，平常心为人，可淡定守本，不忘初心；敬畏心做事，可无知谦卑，循道不违；进取心修行，可清空预设，开放探索。利他与自利，可兼顾顾客需求与企业盈利，互惠共生。一平衡，可实现企业经营的现金流稳定，长短期兼顾，产业链共生！

本立而道生

修炼好潜意识心田中的“真善美”，智慧决策也就有了立于不败之地的“本”。如此守本经营，企业决策何惧会迷失“道”之所依？“道”，泛指“一切无法违”或者“违者必遭报应”的客观规律与行为规范。背道必遭报应，企业经营，守本循道，生意久远。

孔子曰：“君子务本，本立而道生。”心田“真善美”之本，涉及潜意识修炼，不能只停留于有意识，需通过有意识的不断修炼，直至内化于心、外化于行，变成人们的自觉自发自为。《太上感应篇》指出：“祸福无门，惟人自召。善恶之报，如影随形。”

对于生命有机来说，基本的生存需要未获满足时，听从本能的呼唤，满足这些需要，是心田纯“真”的反映。例如，渴了要喝水，饿了需进食，累了想休息。一旦超越生存之必需，本能欲望的进一步膨胀，就更多反映了人类的不良习性，需要加以适当矫正。

通过修炼，矫正不良习性，需要明确“真善美”之本，如忘我利他、创造价值等；防止行为跑出“道”所限定之边界，做到知止不殆、凡事有度、底线不违。例如，过度追求名、利、权，盲目追随时尚潮流，这些都有可能带来物极必反、无度则悲的不良后果。

坚守底线，确保安全，代表了“知止不殆”的最低要求，反映了客观规律的“真”制约。倡导心田“真善美”，守本致良知，可提升人类行为境界，回到自性足具之“道”内。任凭环境无常变化，保持心田“真善美”之道不变，远离各种诱惑，留足安全余地。

人生和企业经营，不仅要活着，而且要活好、活久。创造价值，需要顺应顾客需求的变化，跟上行业、产品、技术发展的步伐；坚守底线，需要保持适当的冗余，财务稳健，质量可靠，流程合规。心田“真善美”，需逆境磨砺，经得住考验，行为才算有智慧。

厚德安平泰

在逆境中，最考验心田“真善美”。对于一些平常循道守本的企业，在竞争压力加大，生存维艰，看似很难扛过去时，也可能会出现许多擦边球。发生这些行为的借口，表面上看是“没有办法”“不得不为”等，实际上反映的是“欲望膨胀”“道德滑坡”。

困难、艰难、磨难，更需道德自律，此为修炼心田“真善美”最佳时刻。自强不息，若离开厚德载物，就易在积极进取的名义下，做出背离“真善美”之道的行为。老子曰：“执大象，天下往。往而不害，安平泰。”天下循道，利而不害，安宁、平和、通泰。

放下自我，淡定循道，时刻远离边线，如此修炼，提升德的境界，直达心田“真善美”，从而可以真正做到，随心所欲不逾矩，也即智慧决策不出偏。例如，在多目标冲突时，在面对各种诱惑时，在涉及防患未然问题时，均能从容应对，不会内心纠结出乱。

现实中，有两种情况最挑战决策者的智慧。一是生存危机时刻，考验人的底线坚守；二是事业辉煌时候，考验人的道德追求。过往决策成功者，需防得意忘形，头脑发热乱作为。例如，那些活得好、不差钱的企业，最易掉入的陷阱就是，一心想做大而致不盈利。

成败相依，祸福轮替。面对失败，教训面前，人们自然会变得谦卑些，只要没有输得爬不起，反而有可能东山再起；面对成功，鲜花掌声，无意中人们会变得飘飘然，结果自以为是，反而会导致未来失败。智慧觉悟，更需在成功时，修炼心田“真善美”。

成功时的修炼，守本致良知，循道以厚德，心田“真善美”，属于防患未然，可以从容进行，更可主动施为。有人说，“雅积大伪，俗存厚德。”凡事皆适度，与此异曲同工，既防易事做过头，又免难事做不足，如此始终行在道内，正好体现“真善美”。

看透与放下

据说，托尔斯泰写过这样一个故事：有位农夫，遇到天使，天使对他说，只要他能不停地跑一圈，跑过的地方就全归其所有。于是，农夫拼命地往前跑。有人告诉他，你该往回跑了，不然你就完了。农夫想得到更多的土地，根本听不进，最终跑得倒地而亡。

跑马圈地累死人。有位老总，谈到创业艰辛，曾被债主逼得想跳楼，“经常不想活，就是不敢死。”现实中，还有多少企业经营者，走上这样的创业不归路，最终被迫无奈地“活着”呢？出现这种状态，你认为原因有哪些？其中最主要的，又会是什么呢？

面临艰难状况，许多人都说，“人在江湖，身不由己。”你认为是这样的吗？其中涉及众多因素，哪些不可控？哪些可自主？回想现实决策，豪气冲天，壮志凌云，快速扩张，什么都想做，经历这样的过程，最后都会发现，心身疲惫，一地鸡毛。谁之过？

对于决策者来说，有时觉得人生不自在，原因就在看不透、放不下。格力的朱江洪指出，“在各种诱惑面前，不够专一，想法太多，太花心，总认为别人的饭好吃，没有集中有限力量，使自己的产品在技术上得以提高……最终就是大浪淘沙，退出历史舞台。”

智慧决策，需看透事物，放下自我。人们常用盲人摸象的故事，比喻看问题片面。现实中，真正的盲人，能清楚意识自身的眼障，不会犯这种错误；反倒是所谓的聪明人，更容易出现盲目自大，坚信自己所看到的为“真相”，不相信别人所看到的是“事实”。

修炼潜意识的心田“真善美”，需从行思习性开始，运用“不评判”“正反合”“若则否”方法，放空成见与预设。从本质上看，习惯上看到、想到的“我”，以及派生出来的“我们”等，原本就是一种幻觉，忘我，放下自我，才可突显出纯净的智慧本体。

价值观扎根

放空成见，放下自我，心田自然就会变明朗，知道行事应遵循怎样的标准规范。人们远离事态现场，从旁观者视角看待事物时，通常其表达的观点、看法就多代表良知；而一旦身处事态中心，受立场、期待、情感等无形影响，其言行就很难做到客观公正。

“致良知，事上练。”潜意识心田中累积的“真善美”，基于心田的行为准则——良知，指导着企业使命、愿景、价值观的确定。价值观在企业中的落地生根，需通过行动实践的不断强化，最终反映到组织中个人的行为习性上，扎根于组织群体的行动惯例中。

有些公司，在制定发展战略时，对使命、愿景、价值观等表达与确定，颇为上心。组织公司上下，反复讨论；聘请专家顾问，多方认证。如此最终形成文本，领导亲自逐字宣讲，公司内到处张贴，要求员工认真学习领会，希望借此深入人心，指导公司经营。

智慧决策，关键不在知而在行，知行合一落脚也在行。公司使命、愿景、价值观的确定，重点不在反复认证，费了多少会议时间写文本，而在于行动落实，是否动真格？尤其面对复杂情境，多目标冲突难兼顾时，员工是否知道怎么做？做法是否已内化生根？

忘我，利他，创造价值，以顾客需求为中心；坚守底线，淡定循道，守本致良知。这些在公司中具体怎么做？不同的情境，会有不同的应对，需临事生发，随机应变。灵活流变的做法，员工从哪里学？这里所涉及的都属于实践性智慧，公司有无传帮带机制？

公司使命、愿景、价值观，目标、成果、考核指标与奖惩，这一切最终落脚在行动。行动实践，充满灵性，活力奔涌，顾客满意，企业盈利，社会认同，皆大欢喜。随机应变，智慧决策行思模式的核心不可变。行思模式，关键在行为，在行动，在“与时偕行”。

第四篇

与时偕行
——应变

与时偕行，路在脚下；想到说过，不如做到。“损益盈虚，与时偕行”，语出《易经》，揭示了万物随时间共变迁的客观规律。时间会改变一切，也让一切随之改变。对于有机生命系统，唯一不变的就是变化；变化需经历时间过程，过程即生命存在之本质。

生命，变化，时间，过程，都反映了相同的特征，这就是“与时偕行”。与时偕行，不同于“与时俱进”，因为“进”代表了价值选择，隐含了主观评判。世间万物变化，如云卷云舒、花开花落、生老病死等，哪是进？哪是退？有进必有退，进好？退好？怎评判？

第四篇　与时偕行

与时偕行，就只是说明了一种随时而变的现实，诚如古人所说，“自古及今，法无不改，势无不积，事例无不变迁，风气无不移易。”行，意味着动，意味着变，智慧决策，一直在路上。管理问题时时有，只是表现形式各不同。好与坏，进与退，不评判。

时间，变化，核心是无常，结果难预料。面对不确定环境，与时偕行，到底该怎么做？本篇分为两章，回答这一问题：第 7 章“共创出奇迹”，以自胜、错位、互补，化冲突对抗为协力共创；第 8 章“反脆活久远”，以拥抱、探索、历练，化无知无常为可能的惊喜斩获。

第 7 章　共创出奇迹

天之道，利而不害；圣人之道，为而不争。

——老子

与时偕行，如何让企业成为灵活、适应、创新的有机组织？让企业群体成为互赖、互惠、共生的有机生态？如何打破自我封闭的独立王国，整合各自为政的割据诸侯，以形成积极开放、有机联系的协同整体？各个企业之间的特色、错位、互补，是关键。

无论是个人、企业或生态，为形成有机整体，就需铲平山头主义，突破部门界限，不再本位至上，大家围绕顾客需求，同心协力，共创价值，走向未来。具体地，对于市场各种力量，如竞争、合作、内部、外部、同行、上下游等，到底怎样协同，才可共创奇迹？

自胜有特色

各种力量，若能整体协同，将有助于更好创造价值，对于这一点，可通过反命题思考得以说明。缺乏协同的各种力量，容易相互牵制，引发精力内耗，造成资源浪费。企业的资源与精力，聚焦于踏实做事，形成顾客所需的经营特色，才可更好满足市场需求。

路就在脚下

创造顾客所需的特色，以更好锁定市场，这其中充满不确定。未来情况看不清，到底该怎么做？通常就只有一条路可走，以开放的无知心态，积极探索，先试试看，做点什么，行得通，就继续；行不通，就改进，如此锲而不舍，就可不断地向着成功推进。

就如人们常说的，这世上原本没有路，走的人多了，自然也就成了路。开路者的精神，也就是行动者的精神，创业者的精神。创业，更需要切实行动，而不是反复论证。观点，想法，可能在不经意间早就在脑中累积，只需撸起袖子干起来，行动会证明一切。

企业做事，具体做法或有不同，大的思路不会变。例如，能够切实解决什么有趣的问题？可以提供什么产品或服务？给到顾客怎样的过程体验？依据不同的场景，面对不同的顾客，做出不同的回应，做着改着，改着做着，办法就完善了，事情也就做成了。

存在同行竞争时，应该抱着开放的心态，可以学习与参考别人的做法，但要结合自身能力与顾客需求，不断改善调整。只是一味学别人，最多成为优秀的模仿者；借鉴别人的经验，吸取别人的教训，就有可能成为超越者。这种方法，与时偕行，到处可用。

事上练，干中学，不断改进，不断完善，这种与时偕行的智慧，就是智慧决策行思模式的精髓。许多人，一旦事业做大，心中欲望膨胀，想一口吃成一个胖子；面对更多挑战，患得患失心理加重，担心搞砸怎么办。如此一来，反而易忘边干边学的智慧做法。

大公司经营，易背离干中学之智慧做法。搞投资，希望开拓大事业，不愿从小事做起，缺了慢慢积累的耐心；做决策，多了各种会议论证，少了通过小步试探，积累经验、不断改进的探索过程。越是大项目、没经验，反而越是靠论证、拍脑袋，这靠谱吗？

解决它再说

对于许多复杂事情，离开行动试探，少了过程迭代，没了改进积累，仅凭反复开会，抽象论证，更易受过往经验知识羁绊，难免带有预设、猜测、评判，怎能做出适当决策？会议交流、论证，可能想法很多，考虑很全很细，耗时费心，却无法取代行动实践。

不假思索，草率从事，轻举妄动，通常被看成是不好的做法。面对无常环境，未来如何变化，人们真的不知道，此时凭三思后行，能想清楚吗？更何况，有时候情况非常紧迫，要求快速决策，根本没有时间供反复思考与论证，此时果敢行动本身就代表了一切。

据报道，在美国发生“9·11”事件后，迫于国内外公众的压力，必须采取紧急行动，不可能等一切分析搞清楚后，才决定怎么做。例如，在 2001 年 9 月 16 日内部备忘录中，美国中情局局长特尼特说：“我们没时间开会讨论如何解决问题，先解决它再说。”

类似这样的危急时刻，情况复杂，原因不明，暂不采取行动，先努力维持现状，以等待事情弄清，尽管这种不选择，也代表一种可选方案，但却很难借此向他人做出交代，毕竟采取行动本身，带有象征意义，它至少表明了负责的姿态，而无论其行动后果如何。

有人指出，装备系统越复杂，试验成本越高，就越缺少试验，结果越是高级的装备，测试的周期就越短。开发相对简单的精确制导炸弹，往往需要试打几千发，而研发新式洲际战略导弹，却仅靠几发试射定乾坤。这意味着，越是大型项目，就越难做试探。

从事大型项目，需有小项目经验积累，要靠有丰富实践经验的专家指导。一个企业，在某一领域做成了许多小项目，可以慢慢地对该领域有更多的了解，不等于对其他领域也能有同样的把握，更不能由此而觉得，自己跨界进入新领域，就能一下子搞定大项目。

做事靠自己

有人初始创业成功，感觉自己熟悉的领域市场饱和，竞争太过激烈，利润正在下滑。就想跨界进入新领域，寻求更好的发展机会，因此，到处报名参加各种论坛，听业内专家报告，恶补相关术语概念。试想，新领域，新概念，凭如此学习，就能跨界投资盈利？

听见许多专家，到处做报告，声称未来不确定，世界不连续，形势看不清，同时却不断举办各种高价研讨班，号召人们参加系统课程学习，以学会如何应对不确定，甚至做到领先不确定。一边造成不确定恐慌，一边教人学应对高招，就不知此招是否真灵？

用“正反合”“若则否”方法稍加分析，可见：通过拜师学艺，能求得妙方的，定是经验积累管用的领域；真正的不确定，需要临事应对，仅学会如何思考，对于解决问题，不会有大帮助。未来环境，到底为无常不确定？还是事先可预见？甚至人为可掌控？

面对不同的未来环境情况，需有不同的应对策略。但有一点相同，忘我利他，创造价值，必须行动。在行动中学会行动，在思考中学会思考。习惯了思考的人，可能会更喜欢不停地思考，凭借大脑的丰富想象力，无意中还可能会以为，想到的就等于做到。

创造顾客所需的特色，企业需通过不断行动，以形成自觉行动、做事到位的习惯。即使在有经验可循的领域，人们仍不能凭书本学习，就可真正掌握实践技能。就如成为名医，需要临床实践；成为名厨，需要掌勺历练。企业经营特色，需在做事中积累、体现。

企业经营面临众多不确定因素，更需干中学，在投入做事的过程中，逐渐学会做事，否则，可能永远都等不到万事俱备、一切想清的那行动时刻。试想一下，面对事实上存在的不确定，若定要就怎么做谈看法，无意中是否会陷入预设、猜测、评判、成见？

功夫需落地

市场看不清，做事不预设，行动更自由，改进更灵活。例如，不说“与时俱进”，以免预设做事方法与结果要求，反而束缚行动者手脚；多试试“与时偕行”，让人们更自由地开放探索，可以根据行动结果情况，不断改进做法，以更好顺应市场需求的变化。

在变化的时代，行动最好分步走，以留有调整的余地。不要对赌或押宝未来一定会怎么样，而需不加预设，没有成见，以完全无知的心态，根据行动结果与环境动态，再适时决定下一步行动。如此做法，所体现的实践智慧，涉及的知与思，最终都融入了行。

当前热议，如认知革命、思维模式等，都隐含着一个问题，把知与行分开考虑，且更多谈论“知”，很少考虑“行”。尽管也有人强调“知行合一”的重要性，但在操作上，无意识中还是认为，应该先考虑知，再考虑行，似乎清楚了知，行一定不会有问题。

承认当前环境变化很快，未来充满不确定，讨论应对之策时，高谈“认知”重要性，似乎隐含了一种与前提矛盾的成见或预设，也即未来还是“可知”的。未来不可预见，需先行动后思考，行动就是体验感悟学习提升的过程，能反过来起到改善认知的作用。

功夫落地，就是行动落实，做事到位。“先为不可胜，以待敌之可胜。”真正的高手对招，不是战胜对手，而是战胜自我，以待敌之可胜。“人贵有自知之明”，成为持续优秀的公司，需保持谦卑的无知心态，在行动上真正做到，不断自我改进、自我突破。

落实到价值创造上，发现顾客未被满足的需求，加以有效提供，更好匹配顾客需求；寻找顾客被过度满足的需求，采取措施加以裁减，优化成本与性价比；通过对顾客需求的全面整合，实现组织流程的模块化、柔性化，成为顾客问题综合解决方案的提供商。

合作会嬗变

聚焦于如何通过合作做事，满足顾客需求，创造共赢价值，在市场中立于不败之地，可增加企业未来发展的可预见性。依靠冲突竞争，更多关注如何出奇制胜灭掉对手，恐会在无意中忘了怎么满足顾客需求，易引发更多红海恶争，使企业发展更具不确定。

忍辱负重，循道顺势，与世无争，这有助于促进信任合作。如何做到这一点？必须参透世事、人情，洞见天道所在。例如，企业内部高管成员，处理微妙的争与不争关系，如果大家争相担责做事，谦让面子荣誉，就易形成相互理解、相互支持的精诚合作团队。

精诚合作关系的建立，可从公司内部做起。先在内部学会如何与人合作，这种行思模式，自然就会带入到外部关系处理。例如，许多老板，眼光向外，亲自盯着市场，但对于内部管理团队与骨干员工，相对关心不够，并随公司做大，无意中变得更为疏离。

这种疏离，会导致离心力增加，如果老板对此毫无知觉，总认为一切还如刚创业时一样，不太会有什么问题，直至忠臣老将或骨干员工出走，才感受到情况严重，相对来说，就有点为时已晚。甚至还有公司，就因老板个性多疑，几度遭遇高管团队集体出离。

还有些公司，规模已然很大，仍不断通过购并，跨界拓展疆场，如此永远在路上，使年岁渐增、青春不再的创业元老，越来越感力不从心。公司主要决策者，越是经营成功，野心越会随之惯性膨胀，似乎目光所及皆机会，只是对于其他元老，仍会如此想吗？

公司做大，即使成功源自团队合作，总有各种鲜花、掌声、闪光灯，最终聚焦到其中个别人。被聚焦者，受媒体报道等影响，为社会认同所左右，天下唯我，责任担当，在不自觉中会疯狂蔓生；未被聚焦者，你感觉其内心会怎么想？是否会渐现微妙的嬗变？

创投与识人

做事到位，需要发自内心的投入精神，才可真正做到忘我利他。在组织中，需要有良好的文化氛围，让人体会到参与感与责任感，从而感受到这是自己的事业。做到这一点，需要组织上下，尤其是高管团队的协同努力，对于大公司来说，情况就更是如此。

小企业做事，大公司做人，但无论做事还是做人，均从行为开始。对于表面上看似相同的行为，可能不同的人，意义理解会不同，投入程度有差异。身处不同的情境，人会感受到不同的心境。行为、理解、投入、情境、心境，在不经意中，会影响到最终的结果。

例如，实力雄厚的大公司，主营业务市场饱和，多倾向于到处扩张搞购并。对于被购并的企业来说，购并前，创业者是老板；购并后，俨然已成打工者，而且是手握大量现金的打工者。这样的变化，不知会对被购并企业的未来经营，产生怎样的潜在影响？

再如，搞创投，做项目，需细致考察，行业技术变化，产品需求前景，市场规模大小，以判断项目是否能做大。这是做事的考察，事都是由人做成的，怎么考察创业团队？了解人，不能凭第一印象，需做深入访谈，以发现其无意识的思维、言谈与行为倾向。

有时，许多创业团队，看成员履历介绍，貌似个个都很强干，而且大家原曾有过合作，相互感觉不错，似乎有可能打造精诚合作团队。但这些都只表明各自的过往，不能代表创业项目运作的未来。成功不能预设，需要行动配合，行动涉及团队互动关系。

团队互动，涉及各人无意识的习性反应。弄清这一点，对于项目未来成败很重要。暗地里较劲的精英，不能构成无间合作的整体，更难取得需要共同协力的好成绩。比方说，与创业团队交流，发现负责人总是抢话头，不管自己懂还是不懂，你能从中感受到什么？

创业需淡定

负责人总是抢话头，无意中传递了什么信息？秉持谦卑心态，拥有容人雅量，具备开放胸怀？还是相对自信不足，难以信任别人，很想表现自我？这种隐含在骨子里的习性反应，其影响深及人的一生，除非当事者能注意自我修炼，才可能会逐渐有所改变。

在公司中，若是老总喜欢抢话头，结果开会就更多是一言堂，这样的公司，其未来发展，就完全取决于老总个人的智慧。老总能看清自我能力局限，做事踏实到位，专注业务开拓，不搞盲目扩张，坚守商业底线，当能经营稳健，直至其年事渐高自然淡出。

老总一言堂的公司，规模不可能做得太大，较难吸引或留住特别有抱负的人才。规模不做大，对于创业者来说，也没什么不妥，企业小而美，经营有特色，顾客也满意，盈利也不错，一切皆在自我掌控之中。现金流充沛，保有冗余的资源，抗风险能力强。

这样的企业，往往会成为创投追逐的目标。这样的老板，若是不想上市，坚守小而美，小而精，只醉心于做行业的隐形冠军，无意于资本市场的沉浮起落，则是创投的无奈，实体的幸运。现实中，面对各种投行机构的游说，能抗得住诱惑的企业家，还真不多。

创业与创投，有着不同的追求，遵循着不同的逻辑。创业，做大或做精，快增或渐长，可以是不同的选择；创投，做精只是做大的铺垫，快速增长是创投退出的保障。但归根结底，创投公司选择创业项目，需要双方互信合作，以创造价值，满足顾客的需要。

有资深投资者在谈及做投资时说，“以前，不控股不投；现在，要控股不投。”此话一语中的，非常通透。若考虑到真正对自己的项目未来发展前景很有信心的创业团队，不太可能接受被控股的条件，由此反推，愿意被控股的项目情况，或许就值得再细推敲。

错位可共生

市场经济，到处有竞争。投资，创业，如何应对市场竞争，直接决定了企业生存，甚至持续发展。应对竞争，需用反竞争的方式，才有可能走出良性发展之路。相互信任，分工合作，业务错开，各自专注做好分内事，不捞过界之机会，更可能实现互赖共生。

自强赢合作

自强不息，专注做好分内事，是实现错位合作、互赖共生的前提。企业自身的业务做不到位，既找不到很好的合作者，即使原有合作者，也可能会与你分手，如此一来，企业经营也就难以为继了。在这里，企业看起来是被市场淘汰，实际却是被自己淘汰。

做事到位，可以赢得合作；合作无间，可以抗拒竞争。这里的做事，体现在帮助顾客解决问题上；这里的合作，体现在与企业经营相关各方的互惠共生上。企业自身的业务做得很到位，不怕有竞争者插足；企业与各方面合作良好，竞争者实际上无从插足。

做事到位，主要体现在吸引、服务并留住顾客上。企业成功经营，做到一定程度，就会如哈维·汤普森在《谁偷走了我的客户》一书指出的，不经意间会变得像是一个手拿锤子的人，在接触顾客时，更容易不停地寻找钉子，而不是关注顾客的真正需要。

有意识地注意到这一点，可以回到以顾客为中心的视角，消除寻找钉子式的预设，从而真正做到，基于顾客需要本质，思考企业工作流程，并将这样的思路与做法具象化与内在化，使其最终成为企业内置的组织惯例，成为内嵌于组织每一成员的行思模式。

智慧决策行思模式修炼，扎根于潜意识心田，可从有意识的思与行做起。自强不息，以顾客为中心，专注做好分内事，特别需注意回答这样两个重要问题：哪些方面的需要若不提供，会导致顾客流失？哪些方面的需要能满足，可让企业从竞争中脱颖而出？

满足顾客需要，涉及多触点管理，需特别注意直接接触顾客的相关服务人员的变动，对于吸引或留住顾客的潜在影响。例如，可以想一想，会不会因为相关服务者的跳槽，而导致顾客随之流失？顾客的回头与引荐购买，到底是基于产品，还是基于服务者？

减法创特色

企业经营需有特色，才可抵御市场竞争，甚至赢得合作机会。这里所谈的特色，是指企业行动落实，做事到位，取得的成果与众不同，能够更好满足顾客需求，有效匹配市场趋势，也就是创造价值，贡献社会。这显然不同于自以为是，仅限自嗨陶醉的特色。

创造特色，人们的惯性思维，更多的是做加法，这就是在原有基础上，不断增加各种新功能，不断拓展企业经营新领域，以此展现出与众不同的大视野、大格局、大手笔。实际上，企业特色经营，还可采取逆向思维方式，不断地做减法，以使精力更聚焦。

相对于不断追求超越顾客需求的加法，使自己精力更加聚焦的减法，看起来有些不合常理，似乎有点反竞争、逆本能，实际上正好体现了企业运行的与众不同。做减法，可以让人更加淡定，更加专注，更有冗余，更有精力，因而在操作上也更具可行性。

做减法，需要决策者定力，毕竟从整个经营环境看，做加法更体现潮流趋势。在这样的环境中，坚持做减法，实际上更具错位抗竞争的效果。当别人做加法，导致精力分散时，注意做减法的企业，反而更能专注聚焦，通过做事到位，达成比做加法更好的效果。

这种反转思维，逆向行动，正好有助于实现错位经营，多样化共生。善于做减法的公司，更具持续生存发展优势。因为做减法，需要学会放弃，懂得聚焦，可以时刻保持资源冗余，能对企业长期发展所需的研发等持续投入，以累积出应对不确定的战略冗余。

就智慧决策行思模式修炼而言，也需要有意识的专注行动积累，才可使行动变成习性，深入心田“真善美”。长期专注聚焦，思维与行为才可能逐渐完成深度积累，达到甚至超越行思突破所需的阈值水平，有机会涌现出突破式创新，推动企业达到新境界。

领导在基层

创新突破，与众不同，都需要基于顾客视角，能够解决顾客问题，引起顾客内心共鸣，获得顾客认同购买。与众不同的特色，既需要放弃，以实现业务与价值聚焦；更需要专注，以实现功能凝练与超越。放弃，可为聚焦提供保障；专注，才可能真正超越。

企业中，深度积累与创新涌现，既需要各个局部的试错探索，也需要跨越局部的整体融合。没有局部的试错，整体融合不可能有基础素材；离开整体的融合，局部的试错不可能实现系统升华。这是碎片化知识与实践性智慧的不同，也是山寨与原创的区别。

从小企业向大公司发展的过程中，需不断地对各种局部知识与经验进行提炼，使之逐渐融合成为能够指导大公司经营的实践智慧。深入的局部与融合的整体，对于企业系统的良好运行，是两个不可分割的重要组成部分，难在如何紧随顾客需求变化，与时偕行。

企业战略，涉及局部与整体、变化与稳定的关系，如何具体操作？既需要自上而下，顶层设计；也需要自下而上，众人参与。基于有机生命体的构想，整体就只是局部运行的支撑平台，表面上的局部，例如，基层团队、一线组织，实际上引导着整体的运行。

在变化的环境中，最先感受到外在变化的，是分布式的各个局部，或者说就是企业的基层、一线。在集中式管理中，如果组织层级复杂，内部信息传递不畅，等到高层根据基层感应到的市场变化，做出响应决定，再传递到基层行动，这中间过程就显得太长。

提升大公司的行动灵活性，需根据环境变化正在加剧的现实，对原有管理体系进行转型，将大脑系统的决策思考与末梢神经的行动反应融合成整体。如何做到这一点？最关键的就是，逐渐从领导下基层，转变成领导在基层，让所有其他的层级为基层服务。

智慧到梯队

企业基层，是指能够为顾客问题提供综合解决方案的一线团队。此类实战团队，如各种项目组、工作室、特战队、地推部等，体现着综合性的实践智慧，是市场中最活跃的主体。许多从大公司裂变出来的创业公司，其创始人员，也大都出自这样的团队。

基层团队的无意识反应、有意识思维、行动执行力，是公司惯例、决策、落实的合一表现，最能反映公司的市场竞争力。作为智慧的载体，公司人才梯队建设，可从基层团队做起。公司可通过系统安排，如实操案例、研发技术等培训，增加人才智慧储备。

基层团队的实践智慧，主要体现在卓越的做事能力上，能够灵活协调各方面的力量，做好顾客服务工作。这种智慧，展现的是合作做事能力，结果得到的是顾客满意。如此无争之争，能够抵御竞争，看似竞争力很强，但更贴切的说法，应该是合作的智慧很高。

在扁平化的有机组织中，以基层团队为决策单元，团队成员之间，相互信任，关系融洽；信息畅通，交流充分；整体反应更灵敏，行动落实更到位。在一般的大公司中，管理层级较多，从基层到顶层，相互关系略显疏离，信息流通不畅，适应变化相对不灵。

为使企业成为响应灵活的有机整体，必须加强互信合作引导，以消除商场只有竞争的心理预设。传统企业战略，太过强调竞争，无意中让人更关注争斗，斗了上游斗下游，斗了对手斗朋友，甚至还要内部窝里斗，结果导致组织活力耗散，长期经营生态恶化。

从基层团队入手，修炼协力做事智慧，大家合作、信任、帮衬，甚至可将这种智慧扩大到经营生态圈。形成互信互帮的业态，大家都有更多的同道友商，而不是更多的同业恶争。将精力聚焦到如何提升做事水平上，无形之中也会缓解直接争利的冲突对抗。

实力与朋友

合作，需要建立朋友关系。运用反转思维，可以参透朋友关系本质，从而帮助建立良好的友商关系。朋友，会给你提供机会与舞台，让你在上面尽兴表演，展示自我成就，获得社会认同，从而找到良好的自我感觉，所以，不能用来索取、依赖、发飙、撒气。

有些人，交朋友，不仅带有功利目标，还找朋友发牢骚，倾倒心理垃圾，这样的朋友关系往往很难处得好。现实中，你有没有朋友，要看人家愿不愿拿你当朋友。从改变自己的态度与做法入手，多做利他、奉献、平和、友善的事，如此自然可以赢得朋友。

古话说："穷在闹市无人问，富在深山有远亲。"这听起来很冷酷，却道出了世人交友的心态。许多人都想结交成功者，觉得如此可以拓展人脉，可为自己争取到更多的机会。抱着如此功利心态，就不知对方想不想与其结交？成功，求人肯定不如靠自己。

结交成功者，不如努力做事，争取自己成为成功者。商场中，要想赢得朋友，关键在于自身智慧的提升，企业经营能否与时偕行，不断改进与创新，从而在顾客眼中能够始终做到与众不同，在市场上取得不可替代的地位。与众不同，无可替代，错位共生。

做事到位，与众不同，无可替代。落实到内部过程管理，如何做到生产安全、品质优良、节俭高效？例如，某国跨国巨头到处购并扩张，收购后推行节约政策，就希望传递信息：“我们要像公司主人那样思考和做事，要像花自己的钱那样用好每一分钱。”

落实到顾客满意层面，如何做到产品实用、服务周到、体验愉快，让顾客觉得很有特色？企业需聚焦自身专长领域，不要试图解决所有问题。在满足顾客基本需求基础上，通过不断创新，做好顾客期望引导，更好满足顾客对于需求要素及价值排序的变化要求。

纷争生意场

企业经营，创造价值，需要市场各方面形成协同共事关系；分配价值，需要协调不同力量之间的利益纷争关系。例如，产业链上下游企业之间，合作则共同创造大未来，可更好满足顾客的需要；竞争，如互相进入对方的领域，市场混战，易致产能全面过剩。

市场竞争须凭实力说话，口舌之争，利益之争，领地之争，顾客之争，莫不如此。例如，经销商、大品牌、大卖场之间，存在着既竞争又合作的力量博弈，它们共同面临最终市场的竞争压力，需要解决各自的生存问题。各方若缺长期打算，冲突很难避免。

竞争受先天本能驱动，合作需要后天修炼。梁实秋在《雅舍小品·病》中写道：“我僵卧了许多天之后，看着每个人都有人性，觉得这世界还是可留恋的。不过我在体温脉搏都快恢复正常时，又故态复萌，眼睛里揉不进沙子了。”人性如此微妙，如何矫正？

市场竞争，有人认为，“赢者通吃，唯我独尊”。只是如此吃下去，会不会最后自己消化不了？会不会最后吃到无可吃？长期看，产业链上下游的各利益主体之间，本质上存在着互惠共生关系，尤其是其中的强势企业，需考虑怎么做，业态才能长期可持续。

对于弱小企业来说，防止客大欺店，需不断开拓顾客市场，减少对于单一客户的依赖度。不能以为，有了大客户，企业的市场就可高枕无忧了，而要逆向思考，时刻警醒，企业的客户越大，就意味着市场越危险，有时一个大客户出事，会导致全产业链崩溃。

应对市场各方力量复杂的博弈关系，可借助“不预设”“正反合”“若则否”的方法，寻找各方多赢的创意做法。企业可采取措施，既帮助自己的顾客服务好市场，又帮助自己的供应商解决困难，以应对各自面临的竞争，如此使用合作的方式，共创产业链未来。

互补成平台

密切合作的企业间构成一条产业链，不同的企业有着自己的产业链。从顾客的角度看，这些处于同一产业中的不同产业链，存在着既竞争又合作的关系。各自竞争为吸引更多顾客，共同合作为各类顾客提供更多选择，繁荣市场氛围，吸引更多顾客的到来。

还有些企业的产品之间，在满足同一顾客上，直接存在着相互补充的关系，可以更好满足顾客的需要，如水泥与沙料、牛奶与面包、加油站与小超市等。互补类商品的集聚，可极大方便顾客的一站式采购；互补类企业之间的渠道共享，更易共赢创市场。

集聚即平台

直接竞争类企业及其关联产业链的集聚，可以形成垂直平台，就如线下的专业市场、网上的垂直电商等；相互补充类企业及其关联产业链的集聚，可以生成综合平台，就如线下的商贸市场、网上的综合电商等。各种平台，有助于集聚人气，方便顾客的选择。

平台，从本质上看，无异于原始的贸易集市，可以方便买卖双方的互通有无，这其中涉及商人、商品、商场，还有信息、网络、机制。良好的平台运作，核心在于提供信任、信誉、信心的保障，能够让平台中的交易各方，买得放心，卖得称心，互惠共生。

平台经营，涉及前台、后台，售前、售后，需要多方力量的共同参与，相互配合无缝、无间，业务对接默契、高效，各种支撑完备、周到，从而形成独特的市场氛围与交易环境。就如吸引卖家入驻、形成买家购物习惯等，这些均需时间过程，逐渐迭代养成。

平台与平台之间，入驻企业与平台公司之间，均存在着既合作又竞争的微妙关系。合作，店多成市，大家共同参与，可以集聚市场人气，打造更好的购物氛围，共同做大市场；竞争，顾客购买力总体有限，买多了这家的东西，就可能少买另一家的东西。

平台的吸引力，在于有好的卖家入驻，有好的售后服务，所以，平台都希望有优质品牌企业进场。同时考虑到市场上买家整体数量有限，不同平台之间存在着争抢买家的竞争，平台都希望优质品牌企业，能够独家入驻自己的平台，不要同时出现在其他平台。

对于优质品牌企业来说，事先很难预料哪个平台更具市场影响力，考虑到不同平台有着不同的市场辐射力，通常更喜欢能够同时入驻多家平台。平台经营者，需要处理与入驻企业之间的微妙关系，无论在电商平台，还是在传统大型百货，此类问题均存在。

平台成与败

无论线上线下，平台一旦做大，相对于卖方与买方，就会形成强大的双边垄断力量。力量，无论是政治的、经济的、知识的、资本的，都会影响利益分配。平台的绝对权力，就会产生绝对的暴利。这种暴利，实际上就源自于对买卖双方利益的无形、过度挤压。

平台的本质作用，只是方便了买卖对接与交易，释放原本存在的生产与消费潜能。平台经营者，也是市场的逐利者，他们会通过造势，吸引卖家与买家进场，让人以为在其中可以得到更好的利益，但实际上并非就如此，让人离不开的平台，背后一定有陷阱。

“让天下没有难做的生意”，是电商平台的理想；天下几乎变成“没有赚钱的生意”，是许多入驻店家面临的现实。这听起来，有点反讽。生意做成了，人也忙多了，平台交易额上去了，但许多店家却感觉不赚钱。相互竞争，降价、促销、跑量，钱弄丢了？

企业经营，不能过度依赖平台。有了平台，生意好做？市场好做？购买力最终有无增长？是创造了新价值？还是资源重配置？买家与卖家，从线下到线上，再从线上回线下，如此反复折腾，如果买家还是那些买家，卖家的钱包没啥变化，那就只是市场搬家。

纯粹的市场搬家，更多表现为折腾，拆东墙补西墙，很少增加新价值。平台的必要性，就看最终是否创造了市场价值。例如，是否真正降低了买卖双方的交易成本。可以预见，任何一种业态，随着市场集中度的提升，其对于上下游商家或顾客的挤压必增加。

企业经营，不能只依赖于大生态，需要营造自身小业态。在大家纷纷上线，与大型平台捆绑的时候，不妨做些反转思考，如果离开大平台，是否一定活不了？有了大平台，如何减少依赖性？如何做到与众不同，更好满足顾客需求？这些问题，需好好思索。

平台兴或衰

有了互联网，不出家门，就可做全天下的生意。综合考虑仓储、物流等影响，与就地生产、销售、消费相比，全球生产、销售、消费的模式，是否更经济？全球购买与消费，是否只是消费主义的新潮流？这样的模式，真是世界的福音？与生态可持续能相容？

人们的生活，真需要到全世界买东西吗？这激发出来的，到底是真需要，还是无度的欲望？可以全球做生意，其中谁最受益？卖家？买家？哪个国家？实际上，最受益的是平台商。完成生意，买卖自愿；谁更受益，力量较量。这一点，各国政治家最清醒。

世界上，能从贸易中受益的国家，多主张自由贸易；不能从贸易中受益的国家，多主张贸易保护。贸易，必须能为双方带来相对或绝对好处，才有可能持续。设想极端情况，若世界各国都采取闭关锁国做法，或许经济不会那么发达，但却更可能自主独立。

任何事，有利必有弊，企业经营需认清情况，采取适合自身的做法。人们指望互联网，能够带来去权威、分布式的组织，实际上形成的却是更集中的经营模式。结果发现，事情由众人参与，分布式完成；盈利却由少数人，集中式吸走。众小企业，须警醒。

“天下没有不散的筵席”，市场没有不变的生意，平台也将不断演化。当新兴市场不再爆发，存量顾客的消费倾向渐趋稳定，市场的整体消费倾向，会不会出现与原有潮流相反的回归？消费方式回归传统，生活节奏相对放缓，实体店是否会复归人们的首选？

当消费者不再那么宅，愿意走出办公室或家门，实体店将再度复兴，那时的电商平台将会怎么样？看一看，这些年电商在中国崛起，在欧洲相对滞缓，不知与顾客消费习性及原有市场格局，是否有关联？增长红利消退，顾客消费趋稳，平台、卖家怎么经营？

经营看口碑

本质上，一切稳定都是相对的、暂时的，任何市场平衡的状态，都代表着一种利益分配格局，天然就蕴含着会被重新打破的内在动能。诚如老子所言“天之道，损有馀而补不足。人之道，则不然，损不足以奉有馀。”如此不断变化，生生不息，绵绵无穷。

从生态看，市场中越是有众多的小企业，整体状况就越繁荣；越是只有少数大公司，整体状况就越单调。面对变化的环境，大公司需划小核算单元，直面顾客需求，才有可能应对生存挑战；小企业，天生灵活，更具市场适应性，关键在于，如何保持这种优势。

小企业，容易在做大的过程中，逐渐丧失原有的经营灵活性。例如，创业初期对于市场变化的快速响应能力，当变成大公司后，通常就会变得响应不灵。从初期的身先士卒，带领员工做事，到后来，通过分工合作、授权激励来做成事，需要自身管理转型。

对于众多小企业来说，如能踏实做好身边市场，就可不必纠结于电商。迎接电商带来的异地企业的竞争，关键在于：你的落地优势怎么样？在附近顾客中，是否形成了口碑？这些口碑是否在你的目标市场中得到了广泛传颂？得到了顾客发自内心的认同？

就具体业务而言，企业要想做到与众不同，创造出顾客所需的特色，一是在模仿市场其他企业做法的基础上，实现改进与超越；二是通过思维突破，进行产品创新，提供热点市场的互补品。与众不同的互补品，不仅顾客喜欢，同行及平台商，也很需要。

提供新的互补品，需要有独特的眼光，发现其他企业所没有想到或做到的事，如何做到这一点？运用“正反合”“若则否”的方法，可考虑顾客除了需要现有产品，还会需要什么其他产品。例如，从需要“即时”生鲜，反转思维可推知“反即时”“非生鲜”。

开拓新市场

开拓新市场，企业无论是提供竞争类或是互补类产品，都需控制好规模与节奏，不能凭经验预设或成见，以为成长越快、规模越大就越好。如果做大可以伴随新兴产业成长，发挥规模经济效应，从而创造更大价值，或者拓展新的空间，则成长就是必要的。

如果伴随着成长并没有价值增加，甚至反而使得已有优势耗散，做大就未必是个明智的选择。现实中，受各种各样的诱惑，面子、从众、冲动，一不小心，就可能盲目扩张。只有静心定神，才能“正反合”审时度势，“若则否”澄澈思考，以减少决策失误。

特别是在市场不确定情况下，相对于规模做大，不如适当做些新业务探索与储备，以实现风险分散，争取东方不亮西方亮。迎接新挑战，更需冗余资源与研发储备，采取积极响应变化的行动。有时你不这么做，就会有其他企业如此做，而使企业相对被淘汰。

创新与变异，心动不如行动，行动改变一切，是企业适应复杂多变市场需求的唯一选择。不主动选择创新与变异，就只能被动受迫创新与变异。很多情况下，创新与变异，最大的障碍不是因为没能力，而是在于如何突破内心的预设与成见，大胆行动干起来。

只要行动起来，大胆往前走，就不愁无路可走，至于具体如何走，则涉及方式方法。故事说，两只蚂蚁来到一段墙，一只蚂蚁，往上爬到一半就跌落，迅速爬起，又试着往上爬，一次次跌落，一次次再爬；另一只蚂蚁，观察了一下，很快就从旁边绕过了墙。

企业的行动过程，也是不断观察、学习、改进的过程。类似第一只蚂蚁，只是重复过往做法，由于没有学习改进，即使刻意练习，也少有长进；类似第二只蚂蚁，不仅吸取他人的教训，还根据具体情况做调整，如此行动，无执、无畏，不断改进，事易成。

无知跨界行

无知，好似一张白纸，可画最新最美的图画，可写最新最美的文字，带有无限的可能性。这不像有知，会让人无意中受过往知识、经验、成见等约束。应对无知，需心态开放，放下成见与猜想，消除思维与行为定势，纯净观察倾听，体验可能出现的不确定。

无常环境，意味着未知、无知。接纳无知，与无知共舞，结果或许会有新发现。这就像一个旅行者，如果不做计划，背起行囊就出发，只要心态随缘、开放、包容，随遇而安，随兴而动，就很有可能在遭遇更多意外的同时，感受更多刺激，收获更多惊喜。

跨界，必须走出熟悉的工作与生活圈，以迎接与拥抱未知的新挑战。一直待在相互熟悉信任的小圈子，尽管大家可以无所顾忌，敞开心扉坦诚交流，但是观念更新仍受局限。就如订阅同一频道信息，尽管每天更新，却兴趣未变，内容相似，很难获得新发现。

故事说，冰箱里的鸡蛋们在聊天，聊着聊着，忽然甲鸡蛋低声说："喂！你看，那个鸡蛋长得好奇怪，全身都是毛，而且还是绿色的。"乙鸡蛋说："可能人家是外国的鸡蛋吧！"接着，又是一阵窃窃私语。"绿鸡蛋"听到后，说："抱歉！我是猕猴桃！"

在变化的环境中，面对出现的新情况，必须注意放下自我，不随意预设、猜测、评判，少受过往经验、知识、成见羁绊，才可真正做到以谦卑的无知心态，仔细观察其中的不同，直接探询自己心中的疑问，如此方可发现新事物、新规律，从而形成新智慧。

放空过往知识与经验，少凭历史大数据对未来做推测，多用行动不断试探摸索，以此通过迭代，找到适当的做法，如此更有利于应对不断变化的市场环境。与时偕行，拥抱不确定，探索新路子，迎接变化，走进变化，创造变化，在实践历练中，实现企业成长。

第 8 章　反脆活久远

杀不死我的，使我更强大！

——尼采

上一章“共创出奇迹”，核心在“创”字上，无论是自胜、错位、互补，关键在于行动落实，做事到位，能够创造利他自利的社会价值。与时偕行，需各企业创出自身特色，做到与众不同，为市场整体繁荣，共创出奇迹的“共”与“奇迹”奠定良好的基础。

本章“反脆活久远”，讨论在无常变化的环境中，人生与企业的经营，怎样能够活得久。活得久，其反命题为“活不久”。随时间变化，易受毁损，半途夭折，会致企业活不久，可称生命很脆弱。脆弱，脆性，如温室鲜花，难经风雨；如玻璃器皿，稍碰即碎。

人生或企业经营，要想活得久，必须能“反脆”。反脆，语出塔勒布《反脆弱》（Antifragile）一书，特指系统内在的喜变性，也即面对无常变化冲击，不仅不会因变化越大就越受大折损，而且还会从变化中受益，变化越大就越能从中受益。

如何做到“反脆”，以从变化不确定中受益，在无常无知中逆向崛起？这是本章关注的主题。要想反脆活久远，面对无常变化，未来不确定，不能被动退缩回避，试图躲进自以为的保险箱。客观环境在变，不以人的意志为转移，企业所能做的就是积极面对。

拥抱不确定

面对无常变化，未来不确定，模糊看不清，对于这种情况，人的本能会倾向于规避。问题在于，这是客观存在，根本无法规避，必须接受。与时偕行，需以谦卑无知的开放心态，拥抱不确定，以迎接变化；勇于探新路，以走进变化；历练中成长，以创造变化。

无常不确定

人们常用“VUCA”（Volatile、Uncertain、Complex、Ambiguous）一词，描述当今商业世界的局势——动荡、无常、复杂、模糊。VUCA 时代，本质上带有无常不确定，意味着未来难预料，需要修炼智慧决策行思模式，以放下成见与预设，开放心态，迎接挑战。

拥抱不确定，不要迷信专家基于过往知识、经验的预测判断，更不要轻听各种小道消息的主观臆断。必须看到，即使高手在民间，那也只是大数定律的作用，需要综合众人的判断才可能有效。就具体的个人来说，即使偶尔有猜准，也只属于碰巧的事后诸葛亮。

面对无常不确定，人们关注认知革命，不妨思考一个问题：在无意识中，一是觉得自己无知，二是觉得自己全知，哪种情况下的决策更智慧？这里的答案是显然的，以无知的心态看待未来，会使人在无意中更具忧患意识，行为表现也更具开放探索性。

这给我们提出了问题：如何通过有意识的修炼，以让人在无意识中真正觉得自己无知，从而做到以无知的心态、谦卑的精神，更有敬畏心地做事，最终达成实际上的无知而无不知的境界？迎接不确定，接纳无知，赋予无知新意义，可化无知为创新与机会。

对个人来说，以有限之生命去认识无限之世界，其已知的东西相对于未知的东西来说，总是微不足道的。只是在无意识中，人们通常认识不到自己的无知，更多地觉得自己似乎无所不知。正因为如此，有人认为，能“让人觉得无知，往往是最大的睿智”。

在许多领域，实践智慧的形成，需要长期历练积累，经验是做事成功的根本保障。我们相信各类专家，就出于这样的考虑。问题在于，面对无常变化，有时经验丰富者，更容易自以为是、故步自封，喜欢指出别人不足，不愿承认自己错误，难以应对不确定。

无畏与无执

凯恩斯在《通论》中写道：“事实上统治世界者，就只是这些思想而已。许多实行家，自以为不受任何学理之影响，却往往当了某个已故经济学家之奴隶。”老马识途，也许只认得旧道，不知新路。应对无常不确定，需心无所住，无畏无执，放下成见与预设。

人通常都带有执念，它在无意中形成。有人觉得，大部分人在二三十岁就死去了，因为过了这个年龄，他们只是自己的影子，此后的余生则是在模仿自己中度过，日复一日，更机械，更装腔作势地重复他们在有生之年的所作所为，所思所想，所爱所恨。

有些事情，一些人之所以不去做，只是因为他们认为不可能。其实许多不可能，只存在于人的想象之中。路径依赖与市场锁定的产生，也常常是这种自我设限的结果。在已知熟悉的领域，瞧清了走，或许很重要；但在不确定领域，边走边瞧，或许更重要。

承认无常之“常”、无知之“知”、无行之“行”，该怎么做？在谈论佛法修行时，有人指出，人生是一个不可逆的一次性旅程，“如果只能携带两件行李，我愿是无畏与无执。”诚哉斯言，无畏无执，才易做到放下自我，创造价值，知止不殆，与时偕行。

无畏与无执，既不被自我成见所误导，也不为他人观念所迷惑，以纯净平等心觉知事物之本质。为了做到这一点，可借助智慧决策行思模式，先从有意识的不预设、不猜测、不评判做起，多进行“正反合”“若则否”实践，直至达成潜意识的心田真善美。

就如企业经营，在刚起步时，可以特别注意抓机会。但若成长为大公司时，仍迷执于机会至上，面对各种诱惑，不做取舍，无意中就易发展超速，结果背离实力支撑，最终危及经营安全。长期看，带着过大、过重的包袱，行得了一时，总支撑不了一世。

变通需行动

变通，可以运用“正反合”“若则否”分析。例如，防止欲望膨胀，抗拒机会诱惑，需先弄清正面清单，也就是企业能够做什么。要清醒地认识到，世上没有免费的午餐，才有可能抗拒天上掉馅饼的诱惑，识别隐藏在馅饼背后的可能陷阱，专注做好该做的。

再如，消除失败恐惧，减少担惊受怕，需先弄清反面清单，也就是企业什么不能做，尤其是哪些绝对不能碰，否则就会触底线、易脆变、输不起。只有综合考虑了正面与反面清单，结合所遇到的具体环境情况，如未来不可预见的程度等，才可确定相应的对策。

即使看不清，仍然需行动，可摸索着前进。古人云："穷则变，变则通，通则久。"变通，关键在于适时行动。对企业经营来说，由于存在市场竞争，若真到穷途末路，再采取应变措施，可能就会太晚。必须克服行为惰性，在当前状况见顶前，做提前布局。

面对无常环境，企业无法事先精心设计战略，需要临机应变，有时甚至只能歪打正着。有人说，战略可能是骑驴找马，边干边调；也可能指东打西，随时变化；更可能想炖鸡汤，却只碰上鸭子。市场动态性增强，战略调整周期不断缩短，战略灵活性要求提升。

与时偕行，需要行动灵活性。一切纯粹的知识性、思维性训练，无论能否影响认知模式，最终变成思维习性，如果不能体现到行为上，则对于企业经营来说，就像做过软件升级却仍没接电开机的电脑，有的就只是潜在的能力，而根本不可能产生实际成效。

当前流行知识付费学习，许多人花费大量钱财与时间精力，听了名目繁多的各类课程。问题在于，听课归听课，工作归工作，行动还是没改变，效果自然也不佳。应对变化挑战，需要行为改变，这些必须结合具体工作，事上练，干中学，才有可能见实效。

路靠走出来

面对无常不确定，人们无意中会恐惧、担忧，从而奋起读书、听课学习，希望让自己变得有知，以化解对于无常无知的内心不安。这种做法，能够起到缓解心理压力的作用，不能真正解决所面临的不确定挑战，毕竟“纸上得来终觉浅，绝知此事要躬行”。

有人说，一个行动胜过一打计划。由无常不确定带来的无知压力，必须通过行动探索，在实践中边干边学，才可真正缓解。现实中，创业成功的企业家，各类有实干做事智慧的问题解决专家，都是摸爬滚打历练出来的，绝不是仅凭熟读万卷书就能养成的。

荀子曰：“不登高山，不知天之高也；不临深溪，不知地之厚也。”有关行动的实践智慧，只能通过体验式的过程历练，才可获得。例如，只有跳进水中，通过折腾才能学会游泳；只有直接掌勺，在做菜中学会当大厨；只有进入车中，在驾驶中学会驾车。

对于公司接班人的培养，只有将候选人放到管理决策一线，通过从小事到大事、从简单到复杂的循序实践历练，才可使其在这一过程中逐渐积累起实践智慧，自然地学会接班；而不能指望其通过海外留学，取得名校学历，一回到企业，就马上能够担当重任。

人生与企业经营是个过程，面对无常不确定，行动通常有两种做法，一是立足当下，尽力做好当下事，争取达到与众不同的水平；二是自定目标，努力制订可行方案，一步一个脚印地朝目标推进，如此在不确定的环境中，最终开拓出一片属于自己的新天地。

行动，能够帮助企业走向或创造未来。行动，需要投入时间，考察一个企业家的时间安排，就可预判企业的未来命运。例如，若是专注做研发、跑市场，企业就更易把握技术变化与市场需求之脉动；若是更多出现在媒体，到处作秀做报告，结果或会大不同。

无知者心态

路靠走出来，迈腿路就开。采取切实的做事行动，就总会有收获，尤其是智慧积累。即使事情一时看似失败，也可为进一步改进指明方向。面对不确定，谁都无法保证一定会成功，更何况成功与否的结论，本身就只是主观预设，或许“失之东隅，收之桑榆”。

对于真知的理解，有时只有经历挫折，才会让人有更深切的感受与体会。有人说，“历史不会重复，但却惊人地相似”；又有人说，“阳光底下无新事，人性基本不会变”。实际上，相似、无新，不等于相同、依旧，物是人非或人是物非，都在呼唤新的应对。

如果承认时间会改变一切，又怎么会有重复事呢？有人认为，“人不能两次踏进同一条河流”；更有甚者还觉得，“一切皆流，无物常住”“人连一次也不能踏进同一条河流”。这些说法，哲学上多存争议，这提醒我们，对于事物认识存在着“无知”。

研究表明，人们的判断与选择行为，会随即时的心境、情境、语境的变化而不同。有人觉得，要“把每天都当成人生的最后一天来活”，若反转这一说法，“把每天都当成你会永生一样来活”。人生无常难料，仅此看法改变，是否会对行动选择产生巨大影响？

放下自我，以无知者的心态，看待无常不确定，就更易做到“不预设、不猜测、不评判”。以外行的眼光看待未来，似乎一切皆有可能发生，自然更易接纳多种可能性；以专家的眼光看待未来，似乎一切皆有定数，无疑就会多封闭预设，妨碍拥抱不确定。

无常不确定的环境，既可能潜藏着风险与威胁，也可能孕育出机会与收益。秉持无知者的心态，采取积极探索的行动，主动拥抱不确定，或许就可在不经意间，开创出新市场、新技术、新顾客。真正的理性是无理性，就是无畏无执，不为任何预设所羁绊。

开放迎未来

有人说，理性能将可能转变为现实，而感性则会将不可能变成可能。激情投入，长期专注，都需感性乐趣支撑，这是创新突破的重要动力源。无畏无执，看似非理性，却可应对无常不确定。放下自我，清空执念，无畏前行，才可积极开放，迎接不确定未来。

开放，需看行动落实，是否真的具有灵活性。在不确定环境中，企业无法预测未来，却仍可以选择，要么用行动改造未来，要么等待被未来改变。采取行动，做事到位，结果不一定能如愿，或许不会有收获；但是如果什么也不做，则肯定会是一无所获。

如何做到无执开放？需放下无意中存在的预设与成见。例如，倾听，就只是专注的倾听，不对言者妄加猜测评判。如果自己没听懂，就想方设法弄懂，以此打开新领域；而非指责别人说的没道理。做如是考虑，并不涉及是非对错之评判，只是这样更具操作性。

如果以自我为中心，遇到人与事，不从改变自己的观念或行为入手，只希望别人做调整，现实操作很困难。别人不会因你而改变，如果你都不能改变你自己，又怎能指望别人会因你而调整？你只能听进你想听，改变你认为需改变，无畏无执，行动才开放。

培根说：“我们是富于创造性的，因为我们一无所知。”面对快速变化的环境，太了解情况、考虑过多的人，反而会显得犹豫不决。过往经验教训，对未来不一定适用，但如此“有知”，却会在不经意间变成预设与成见，束缚人们的手脚，妨碍开放行动。

开放探索，行动修炼，智慧提升，需做五件事：少问多想——少问任务多难，多想怎么完成；少说多听——少夸夸其谈，多观察倾听；少自多他——少自我中心，多关心他人；少旧多新——少守旧僵化，多改进创新；少会多干——少会场绕嘴，多现场实干。

勇于探新路

企业经营，作为一个过程，本质上涉及“耐久”“成效”和“行动”。面对不确定环境，“耐久”很难料想，“成效”不可预估，唯有勇于探新路的“行动”，看起来才相对来说，自己更有可能做主与把控。行动起来，做好能做之事，以探索无知无常未来。

“千里之行，始于足下。”行动就是战略。以行动探索未来，不预设、不猜测、不评判，放空成见，无畏无执，需注意把握好做事行动的节奏与速率，诚如达尔文所言：“能够生存下来的，既不是最健壮的，也不是最聪明的，而是最能够适应变化的物种。”

行动，不能停留于空想，必须措施落实。没有条件，创造条件也要上；如果创造不了条件，则必须绕开走。面对不确定，任何方案都有可能出意外，不能守株待兔，迷执于事先设计的所谓战略定位，而置客观变化的情境于不顾。行动智慧，需能灵动调整。

古人云："世异则事异，事异则备变。"时代变，情况变，做法也需变。许多企业，走出来的路子，并非就是当初构想的，所谓的美妙成功故事，更多源自歪打正着、事后加工。这种加工，甚至编造，连当事者自己都很难自察，只是人类大脑的无意识花招。

无知胜有知

请想一下，你觉得自己有知，是基于什么判断的？是如何验证的？当发现的事实与你所想不一致时，你的心中感觉怎么样？是否会感到些许不爽？对于这样的感觉，你是怎么应对的？你的记忆是否清楚这一过程？对于可能存在的扭曲或偏差，你是否有察觉？

从大脑记忆原理看，有知，似乎并不完全可靠，当你确信自己知道时，可能行动反而容易出偏差；无知，一旦你意识到自己的无知，行动反而会更加谨慎。清楚地意识到这一点，你就可主动承认无知，采取无执开放的心态，以无畏探索的行动，走向未来。

老子有言："明白四达，能无知乎？"这里提出的问题是，随着人们的学习、实践、成长，不经意间积累了许多知识、经验后，就会在无意中觉得自己是“有知”的，如果放不下这样的有知感觉，在行动中，你还能保持无知开放心态，秉持无执探索精神吗？

对于这种情况，心理学上有“知道的烦恼”“知识的诅咒”等多种说法，简单地说，就是难得糊涂，聪明人装糊涂难，有知者要承认自己无知难。这样一来，不经意中就会引发思维与行动上的“所知障”，因有知而妨碍了接纳新事物，成了自我突破的“魔障”。

各种经验、知识等，一旦拥有，就会扎根决策者的“心田”，在无意识中造成自我束缚、预设、猜测，成为去不掉的魔障，最终影响智慧决策。对此，借助于不评判、多反思的做法，可阻断其作用通道，复归纯净观照，认清事实真相，排除成见影响。

反思，质疑，更多地应该针对自己，做自我批评，而不是针对别人。现实中，质疑别人的观点，指出别人错误容易，认识自己不足困难。相互质疑，若得不到被质疑方的由衷认同，或者被质疑一方缺乏应有的开放心态，结果就可能闹得双方都非常尴尬。

走出舒适区

面对不确定，仅停留于思，永远难有想清的时候。只是不断地左思右想，定会挤占大量的精力与时间，从而反没了行动的空间；

离开了实际的行动，就不会有任何改变的发生，也自然就不会得到什么结果。论证、论证、再论证，不如尝试、改进、再尝试。

尝试，就是小步探索，并非大举投资，即使行动过程发现情况有变化，也可采取措施，及时调整。面对无常变化环境，在看不清的情况下，采取这样的做法，更具行动灵活性。在行与不行间，做试探，找感觉，弄清情况，从而为进一步行动提供启示与指南。

人喜欢待在舒适区。企业做市场，认清人的这一微妙心理，就需放弃预设，既不能让顾客觉得始终没变，又不能让顾客觉得变化太多，处理好变与不变的度，就显得尤为关键。有些企业不断对畅销品做微创新，推出各种升级版，就顺应了顾客这样的心理。

据说，某汽车公司的产品设计，故意不搞与现有产品完全不同的“新奇特”，而是对原有的被市场所认同的“脸谱化”系列产品，进行适当的改进提升，推出的改版产品，其命名就直接在原品牌名称前加“新”字，如“新×××”等。如此做法，操作很简单。

就是如此这般推出的“脸谱车”，看似没有特色，却多能成为销售冠军。使消费者感觉到既熟悉又新奇，不但满足了原有顾客的升级换代需求，又开拓了潜在顾客的新市场。让人既待在舒适区，又尝试新事物，营造这种微妙感觉，有利于市场升级探新路。

要让顾客走出舒适区，企业的挑战在于，自己怎么走出舒适区。人的本能是，相信那些自己一直信任的人，即使想采取创新行动，例如，开展新业务、尝试新领域、摸索新路子，也倾向于依赖原先熟悉、用习惯了的旧臣，如此一来，怎么走得出自我羁绊？

团队新气象

考虑到人们无意识行为与思维惯性的影响，越是资深人士，越难走出自我设限。企业推进创新行动，需打造新团队、新气象，甚至还要有新场景、新机制。使用老底子团队，兼顾新业务开拓，看似不费周章，管理高效，只是线性思维、惯性行动，必须改变。

原有知根知底的团队成员之间，基于过往熟悉的认知预设与互动，容易陷入行思盲区，相对来说，比较难以自我突破与成长。就如发小眼中的你，父母眼中的你，领导眼中的你，可能都只代表你的一个方面，但他们却容易以为你就是他们眼中的那个样子。

如何打造新团队？这里的新，或有新成员，或有新想法，或有新行动。人员，思维，行动，一切都不新，全都老样子，创新或许有点难。没有新成员，可以有新思维；观念也不新，可以采取新行动。智慧决策行思模式修炼，就从行动开始，以实现自我超越。

采取新行动，可以直接照搬别人现成的流程，改变企业原有的做法。就如有的公司学习先进做法，先不讲观念转变，只强调先将别人的做法学到位，有人将其总结为“傻傻地学：先僵化，再优化，后固化”。行动到位，潜意识心田改变，思维也会随之而变。

现实多见知行背离。有时就因为行为惰性的阻碍，很好的想法都不一定能真正落实到行动。而从行动入手，直接改变了人们的行为，并通过反复实践，将其变成无意识的条件反射，自然就可扎根到潜意识心田。这种行动智慧的修炼法，操作简单，非常有效。

始于行动的智慧修炼，关键在于找到合适的做法，加以实施。就构建创新团队而言，只要能让具有不同视野、背景、观点的员工聚到一起，例如，共同参与项目工作等，自然就易形成有助于创新的新气象。从实践出发，相互学习，不懂照着做，迭代可很快。

实践出真知

未来看不清，后果难预料。此时做决策，如果关注迎接新机会，就会聚焦创造条件，做好准备；如果重视防风险，就会强调小心试探，随机应变。这样两种不同考虑，无关对错区别，但却容易引发争论。焦点在于，投入靠自有资金还是高息负债，后果大不同。

这两种决策，抓机会，焦点在努力想办法，没有条件就创造条件；防风险，重点在后果是否可接受，只要无法承受就不投。例如，某电商重资产投入，自建物流，若是资金来源有保障，则结果无论成败均无碍；若是资金源自高负债，则结果一旦失败就堪忧。

许多情况下，面对未来不确定，主动规划，创造未来，是先定目标，再想方设法，做各种预想情况的应对预案，以最终确保目标的实现。而其中的预案论证，则可采用反证法，这就是努力论证方案的不可行，若无法证明不可行，就算反证了方案的可行性。

基于实践操作的角度看，若在企业能力可承受的范围内，采取分步走的方式，边行动、边观察，根据情况变化，及时进行相应调整，就可同时兼顾抓机会与防风险的要求。这就是实践式智慧的本质，不忘生存之根本，行动灵活不预设，步步为营，开放探索。

实践出真知，历练长才干。不必将问题复杂化，回到实践，行动落实，总是一步步操作的。许多事，做过了，自然会明白，只是看书学习，可能永远都难弄清。实践修炼，跟着、看着、学着、做着，那不可言传、不可思议的智慧，自然可以慢慢悟出、养成。

其实人生并不复杂，智慧精髓在于简洁。简洁才可能操作，复杂会让人无所适从。介于目前碎片化学习，人们听过无尽的讲座，接触了太多的零散知识，或许更需要做的是，把更多时间与精力用于实践，也即投身于行动、探索、反馈、改进、提升、再行动。

试试新活法

应对无常不确定，未来根本看不清，无法事先做预判，客观上不可能“三思而后行”，只好“先行动后思考”。先行动后思考，就是对于暂时无法搞清的事项，敢于先做些试探，而不是一直停留于等待。例如，做些变动，采取行动，不凭臆测，看看效果如何。

许多事，必须真正做过，才可了解其中的奥妙，知道如何才能真正把事情做好。就如人生的滋味，必须亲身经历，才可有深刻感受，仅凭听别人描述，难得个中真味。企业经营，跑过市场，做过销售，如此再做产品研发，就更易把握需求，精准对接市场。

现实中，有些事，常让人左右为难，做还是不做？做到什么程度？既想下决心大干一场，又担心万一踩错后果严重；既想稍微缓一缓做决断，以等待情况进一步明朗，又怕如此纠结或会错过难得的机会窗口。跳出非此即彼的预设，可灵活地采取分步行动。

有时现状太宜人，让人根本不想变，如何走出舒适区，这成了推动决策的难题。正视环境在变化的现实，看清人生本质在变化，不同就只在于主动求变，还是被环境推着做改变。想一想，变化就是试试新活法，或许就易迈开行动第一步，创出迥异新未来。

故事说，印度有位哲学家，面对女子慕名求爱，尽管很是心动，却说：“请让我考虑一下吧。”他这一考虑，花了 5 年才想清：面临无法抉择，该选尚未经历，以丰富人生。当他找到女子，自然为时太晚，他为此终生懊悔，老年才彻悟，人生需无畏无悔。

选择尚未经历，或有意外惊喜。就如美国选总统，顶层精英怕折腾，担心既得利益受损，希望待在舒适区，更想选希拉里，让一切可预期，维持现状少变化；底层百姓境况糟糕，希望有所改变，以走出困境，更愿选特朗普，敢做大变革，情况或可有改观。

反脆可久长

应对不确定，走出舒适区，实现企业经营“反脆活久远”，需遵循以下三个决策原则：一是，输得起，无论怎么做，最坏后果能承受。二是，可历练，过程让人内心很想尝试，未来无论结果如何都不会后悔。三是，有惊喜，如果事情做成，或有超常大回报。

探新路，若符合以上三原则，就是面对无常变化，最需做的“反脆”事。具体地，考虑输得起，需量力而行，做到底线不可违；注意可历练，需尝试其过程本身就可带来智慧成长的新事物；关注有惊喜，需考虑事情做成后，对推动发展的正面效果是否足够大。

反脆，不只是简单地防止了“脆弱”，或者说避免了输不起情况的出现，而是要在此基础上，通过对所涉项目及做事方式的选择，将行动过程本身变得有意义，让后果呈现向上与向下不对称，也就是输了不要紧，赢了却可大发展。这样，显然更具可持续性。

例如，在企业实力可支撑的范围内，加大对于研发的投资，积极选择高科技项目，基本上都具有“反脆”的特点。确定最坏的结果在自己可承受范围之后，主动走出熟悉的舒适区，尝试不同的活法，体验更为丰富的人生过程，可作为智慧决策的一种思路。

对于不同的决策者来说，受各自身份角色不同所限，其面临的“输得起”或“输不起”底线标准是不一样的。例如，职业经理人、国企领导人做决策，就更需注意决策流程与规则，不能仅凭个人感觉下结论，否则的话，一旦决策失败，面临追责就会说不清。

关于“输得起”或“输不起”，本质上是一种预设，也代表了一种迷执，有可能妨碍无畏决策。面对不确定，任何预设都有可能误判，或许更好的做法，还是秉持无知开放心态，不要太过关注短期效率，多花些时间于过程试探，如此活在当下，或能走更远。

过程即机会

人之习性反应，希望直奔目标，讲究成本效率。面临不确定，有时貌似不经意的过程，却可能潜藏着巨大的机会，放下对于目标的过度关注，才有可能注意到过程本身的潜在价值。就如人们找工作、谈恋爱，若事先预设，能否搞定，可否见面，定然不行。

预先思考“能否搞定”，就是一种猜测、预设、评判。不妨回想一下，在对未做的事情做如此分析时，你所依据的信息到底有哪些？你的这些信息是从哪来的？面对各种矛盾冲突的信息，你最后又是怎么得出综合结论的？这些结论，你认为真的可靠吗？

走进新世界，接触陌生人，过程与结果到底会怎样，通常很难事先预设。埃米尼亚・伊贝拉在《逆向管理：先行动后思考》一书中指出，参加一些以前没有参加过的活动，接触一些此前没有接触过的朋友，这些新行动，可能不能马上见效，但有长期累积效果。

参加新行动，接触专业领域以外的人与事，可防掉入原有能力陷阱。社会关系网络有着自恋与懒惰的特点，人们喜欢接触相似及相近的人，以待在比较自在舒适的环境中，而不愿接触在个性、背景、地位、区域距离较远的人，以免陷入未知不确定的境地。

应对无常不确定，需有开放心态，始终将相互交流当作一个过程，而不是看成是一个完整的最终解答。希望通过事先思考，认清与想清自我定位，实际上是不可能的。许多企业的成功，一路走过，不断努力，发现问题，做出改进，再行试探，如此而逐渐做成。

面对变化的环境，出现新事件，有时找不到合适的人去处理，就只需随意指定一人即可。例如，某公司刚创建，担心新产品开发，可能涉及专利纠纷，当时谁都不懂法律，为此就临时指定了一个技术人员处理，后来在实践中边干边学，慢慢地就变成了行家。

历练中成长

应对客观上所存在的不确定变化，自以为是的“有知”，反而不如自以为非的“无知”。有知所带来的过往知识、经验、成见，易在无意中造成人们的思维与行为定势。与以有知心态处世相比，以无知心态处世，似乎更易开放探索，积极行动，具反脆性。

以无知心态处世，超越有知，不为有知所羁绊，不断从陌生到熟悉，再从熟悉到陌生，如此不断循环，通过实践，历练成长。企业实践，智慧决策，宜精神放松，资源冗余，可葆活力久长。生于忧患，死于安乐，能力历练，不泄气，不懈怠，可葆干劲不灭。

智慧需亲证

实践的智慧，从行动历练中来，必须亲身经受考验，才可感悟与体会其真谛。人生的真正意义，工作所蕴含的价值，是否出自内心喜欢？是否基于忘我利他？还是受到周边环境，或者他人期待的强加？这些问题，只有亲历过现实决策的挑战，才会有回答。

面对无知不确定环境，决策常常让人很纠结，思维上犹豫不决，希望通过反复开会，不断讨论以完善所提出的方案，以论证清楚哪种做法更好。企业转型就如此，实际上此时最需要的是行动——做点什么，根据行动的成效，人们或许易看清进一步该怎么转型。

与时偕行，采取新做法，人们心中难免不放心。许多情况下，恐惧与担忧，就源自恐惧与担忧本身，如此导致心神不定，情绪紧张，难以冷静，无法专注，结果耗散了精力，做不好事情。经过历练者，方能淡定静观事态发展，采取更为妥适的方式从容应对。

面临变乱环境，应对重大决策，关键不在于想不想赢或怕不怕输，而在于是否输得起，也就是失败了是否能承受得起。当你有了充分的实力，自然就会有淡定的勇气。从容的智慧，不只是在于看得透、放得下，还更在于扛得起、压不塌，具备失败承受力。

在企业的承受力范围内做事，保证任何情况下，即使事败也能输得起，不会使得生存安全受威胁，这是反脆活久远的基础。进一步考虑到企业经营，需要友商支持，不仅企业自己输得起，还要让友商也如此。这样，企业与业态，均可具有反脆性，更稳健。

市场竞争博弈，企业不仅要考虑自身的反脆性，还需分析对手的反脆性。例如，就在位者与进攻者关系而言，只要市场竞争展开，原先市场空白的进攻者，通常总能从在位者手中抢到一部分市场，这就是“赤脚的不怕穿鞋的”，进攻者相对于在位者更反脆。

无常无所执

在《智慧书》一书中，巴尔塔萨尔·格拉西安指出，“莫同无所可失者较劲。”无所可失，代表着反脆的极致，与这样的人较劲，最终更可能蒙受损失的，就一定是与其较劲的人。面对无常环境，企业经营怎么才有可能做到无所可失？无所执，就无所谓“失”。

做事，如果结果无所失，或者输得起，那就可以只看过程是否有意义。例如，有些事，名为创新，实则折腾，此时或许不做事，就相当于做事。问题在于，不做事，就没有存在感，也显示不出贡献。作为决策者，少点瞎指挥，但可多做些服务与支持性工作。

反脆的三个决策原则“输得起”“可历练”“有惊喜”，可历练涉及当下感觉与后悔测试，要求不仅做的过程有意思，而且即使效果不太好也不会后悔。符合这些条件的，可能都有哪些事呢？诸如研发投资、员工培训、质量改进等，似乎都具有这样的性质。

进一步考虑当下感觉与后悔测试，均涉及主观因素，在满足反脆的输得起与有惊喜的前提下，对于可历练的过程要求，则可不必太过苛求。许多事，只要做过了，人们事后就总会找到理由自圆其说的，这意味着考虑反脆，可多做些行动探索，以丰富机会。

通常人们认为，小企业决策，可以相对激进冒险；大企业决策，应该相对安全稳健。冒险与稳健，无关企业大小，就如“爱拼才会赢”所说的，大小企业都需要拼搏精神，同时也需要控制风险。只要输得起，可能有大赢，则无论大小企业都可积极投入一搏。

人生或企业经营，环境情况到底是不确定？还是相对可预期？有时根本搞不清，但反脆的决策原则仍适用，只需保持“忧患”“危机”“底线”意识或思维，确保企业无论怎么折腾，都处于“输得起”范围内，也即“死不了”，那么其过程就都可看成历练了。

随缘做决策

反脆的三个条件，许多事并不能全部符合，还有些事无法预先辨别，尤其是有惊喜，有时受环境变化所限，的确很难认定。考虑到人生本质上是一个活着过程，面对无常变化环境，无法追求完美主义，不预设、不猜测、不评判，只要输得起，就可多做试探。

放下功利心，一切都可看作最好的安排。以这样的心态欣赏行动过程，则无论遇到顺境还是逆境，均可获得良好的过程体验。面对顺境，可感受企业发展的喜悦；出现逆境，可看作是磨炼与挑战，战胜困难，就意味着成长，如此就可很好地感受过程的价值。

放下分别心，就易走出多种方案选择的迷茫纠结。例如，使用“不评判”“正反合”“若则否”方法，有助于寻找或发现多种解决方案，但却会增加最终方案选择的难度。有时，因为各个方案各有特色，就会让人陷入两难选择的困境，结果不利采取及时行动。

面对未来不确定，客观上不存在什么最优解，如果大家都觉得，行动要比不行动好，只是到底按哪个方案做有分歧，则为了破解决策瘫痪难题，以防举棋不定、贻误时机，可以引进随机性，以帮助做决策。例如，采取抽签、抓阄等方法，从众多方案中做选择。

实际上还有更简单的方法，就是随便找人咨询一下，到底哪个方案好，只需别人一谈想法，你心中自然就会生出反对或赞同的声音，由此就可发现自己内心之偏好。还有时，情况不明仅仅因为决策者个人的知识与经验储备不足，此时可找更知情者做参谋。

还有时，决策只因时机尚未成熟，问题还没有充分累积，达不到严重的地步，自然无法引起充分的重视。这就有如垃圾桶，只有满了人们才会去倒，在众说纷纭、争议不断、难有定论时，谁会闲着无聊，站出来做决定？结果弄得费力不讨好，反而惹人嫌。

人生无彩排

人生与企业的一举一动，从对社会互动的无形影响看，一旦走过做过，都不可能撤回。决策重实践，实践看结果，结果难预料，人生无彩排。智慧决策，关注反脆，向死而生。例如，人生历练，好事不轻信，坏事多警醒；探索行动，要能输得起、死不了。

无常环境，唯一不变的就是变化。在变化中生存，新陈代谢，变异适应，需要不断自我更新。更新，困难在于：如何突破成见与预设？怎么舍弃知识与经验？真能做到放下自我，心无所住，忘我利他，创造价值；顺应市场，与时偕行，或许自我更新就易成。

许多事，回头看或许简单，往前看迷雾叠嶂。道理可以一时想清，做事却很难速成。面对无常不确定，做事需时间过程，成败受多种因素影响，结果无法事先确知。认清这一点，可让人学会成不骄、败不馁，不断放空心态，荣辱不惊，轻装上阵，以利再战。

人生没有彩排，自然无须后悔。拥抱不确定，勇于探新路，必须学会欣赏过程，从过程中学习，在过程中历练成长，而对于结果则必须随缘。在变化的环境中，未来不可预见，结果自然就存在着多种可能性，这其中既包括意外惊喜，也包括各种不太理想。

运用反脆思路与方法，减少对于事后可能结果的纠结。面对人生无常、环境多变的客观现实，需如古人所说“既往不恋，当下不杂，未来不迎”，如此才更有可能集中精力，积极行动，专注做好当下事。排除杂念妄念，一心专注于做事，更易悟出做事智慧。

做事，关键在于做成事，取得成果，而不是没事多事，给人添乱。开诸葛亮会，就怕“君子动手不动口”；做事情落实，须防“君子动口不动手”。有些人，工作只关注发现问题，抄报各方面，忘了做事的根本在于，责任在我，积极担当，直接解决问题。

行动中学习

从我做起，采取行动，真正解决问题，主动将事情做成。在解决问题中，学会解决问题，提升自我的智慧水平，这样的过程历练，需要有使命与责任意识。直接解决问题，不能找借口推卸责任，而需想办法，采取切实有效行动，将事情搞定，这就是成长历练。

解决问题，行动落实，需要对症下药。有时受制客观规律，需要遵循做事流程；有时重在临机而动，需要积极主动精神。企业经营，市场竞争，需要出奇制胜，若按标准操作，可能很难见成效；质量安全，需要流程规则，若是随意变动，就会导致意外事故。

实践的智慧，能够根据情况变化，临事顺变。爱因斯坦认为，“愚蠢，就是不断地用同一种方法做同一件事，而却期望有不同的结果。”就如人之德能勤绩廉，是一体多面的整体，有机不可分割。企业经营，面对无常环境，若论客观衡量，当以绩效为准。

现实中，在职业经理人的选择上，更多企业家倾向于选品行良好而能力一般者，这到底是为什么？古人云：“千里马常有，而伯乐不常有。”个中缘由很微妙。绩效特别好的能干者，可能面临更多的猎头诱惑，有着更多的跳槽机会，从而易被预设“品德差”。

在做事过程中历练，面对变化不确定，必须允许试错探索。例如，在国家鼓励“大众创业，万众创新”的时代，对于各类创业创新的失败者，只要失败者付出的是个人激情与资金代价，没有侵害投资方的利益以肥私，那么社会要有宽容之心，不能求全责备。

社会营造更适于创业、创新的宽容文化氛围，并不意味着当事者可以恣意妄为，以允许犯错为由，自我犯浑，毫无底线；名为创新，实为忽悠；实际上有规律或经验可循，却自以为是瞎折腾。在行动中历练，需围绕价值创造，边试边改边完善，探索中成长。

磨砺出智慧

环境变化，行动历练，学习探索，允许试错。做事，不怕出错，就怕出错后不知错，无法从错中磨砺出智慧。人不怕犯错，就怕没有认错的勇气，犯错后不知改进。犯错，还要看犯的是什么错。有些错，如违背底线等，代价沉重，危及企业生存，绝对不可犯。

若犯自以为是的错，这不是事情有错，是人本身出错，会被别人继续看好吗？还会有新机会光顾吗？出错，若是因为环境无常不确定，事情此前从未做过，从而不可避免而发生，只要在输得起的范围内，通常人们都会宽容。问题在于，有时事错、人错很难分。

企业经营，创业，创新，创造价值，环境在不断变化，项目在迭代改进，许多事情没做之前，人们根本找不到感觉，凭想象无法完全搞清。这样的探索历练过程，必然会遇到各种突发情况，既可能带来意外惊喜，也可能引发难题。难题磨砺，更提升智慧。

面对难题、纠结、不安，要将其当作挑战，运用“不评判”“正反合”“若则否”方法，构建创意行动对策，在别人畏难退缩、抱怨担忧中，从中发现、创造、抓住潜在的机会。时常想想“烦恼即菩提”，行动障碍与人生苦旅，就都可成为涵养智慧的因缘。

做逆向思考，反竞争而动，企业经营，越能熬过艰难时，就越能锻炼出超强生存力。就如好医生需经疑难杂症的考验，好企业需经生存危机的历练。有时，解决难题这一过程本身，让许多人聚焦到一起，绞尽脑汁，想方设法，就可使个人和组织智慧提升。

公司重组，被拆分，被整合，短期炼狱，长期发展，涅槃重生。在美国早期反托拉斯诉讼的案例中，对于联邦政府的拆分判决，许多大公司的老板非常抗拒，但事后看，经过拆分后的公司，充满活力，发展良好，使得作为这些公司大股东的老板反而更受益。

修炼正当时

眼前分拆，失控难受。长期看，失控有助于活力提升，达成比受控更好的结果。许多家长，在关注子女成长上，也存在着同样的问题。放手，才能练出能力，但就是放不下心，听着看着，忍不住就会伸援手帮忙，实际上是家长按自己的意图干预，反添乱。

企业经营，反脆活久远。输得起、有惊喜、可历练，关键在于无论在哪倒下，都能很快爬起重新再来。面对不确定，先考虑能够输得起，再考虑成功有惊喜，还考虑过程可历练。输不起的生意不做，输得起、无惊喜的生意不玩，输得起、无提升的生意避开。

企业生存，为了输得起、打不垮，资源与精力需适当放松，留空、留白、留余地，始终保持战略灵活性。保持精力与资源的冗余，可以自在地做点试错探索，为应对环境不确定做储备。例如，接触新事物，踏入新领域，拓展新能力，尝试此前没做过的事。

防患未然，不仅要备足过冬的粮草，还要注意潜意识心田的修炼，提升智慧决策水平，顺境时自警，逆境时自励。放下自我，创造价值，知止不殆，与时偕行，需专注于行动修炼，吸纳真正了解事态变化人士的洞见，聚焦于把满足社会需求的事情做到位。

与承认自己的无知相比，当人们自以为是时，更易在无意中铸成大错。生有涯而知无涯，坦诚承认与接纳自己的无知，比简单的知识学习更重要。从长期看，应对环境变乱不确定，未来无常看不清，始终秉持谦卑的无知心态，可使人们决策行动更具反脆性。

以无知看世界，做事自然会小心，决策可能会缓些，效果或许会更好。智慧决策行思模式修炼，企业经营与众不同特色建设，既需要时间渐进积累，也需要当下灵感突破。忘我利他，不断放下、放空、放弃，开放、接纳、拥抱新的未来，智慧修炼正当时……

尾声

——超越有知 活出自在

“无知之知，无所不知。”从对人们无意识、难自觉的思维与行为的影响看，无知，特别是发自内心接纳与承认自己的“无知”，是一件好事。它可以让人表现出真正的谦卑心态，以无畏无执的探索精神，应对各种无常挑战，达成实际上的“无知无不知”。

秉持“无知”心态，有助于自我升华。对于这一点，冷静理性时，人们通常都会认同。“求知若渴，谦卑若愚。”此话曾被乔布斯引用，得到广泛传颂，这就是很好的证明。真正做到并始终保持谦卑的无知心态，其最大挑战就在于人们无意识的习性反应。

面对实际存在的无知，人们的即兴响应，也就是大脑的无意识自动加工，会更多地选择排斥与抗拒，这就是既不愿意直面无知的现实，以免使自己感觉心中无底，内心不安；更不愿意承认自己的无知，以免让自己在众人面前显得无能，从而感觉没有面子。

实际上“无知”，却假装成“有知”，满足的只是当事者的虚荣。有知，无论是真实的还是装出来的，都会在不经意间使人变得自以为是，很难保持真正的“无知”开放心态。如何在无意识中植入“无知”，使决策者表现出发自内心的谦卑？这需大智慧。

觉悟智慧，要从人生真修实练中去体会。离开现实决策情景，仅停留于对决策机理之思辨解释，即使熟读各种决策经典，听遍认知模式课程，精通各类决策观念、看法、技巧，最终所涉仍只是纸上谈兵之思维模式，如无根之水上浮萍，临事应变，多无效。

《塔木德》中有个寓言故事，说的是有个猎人抓到一只鸟。鸟对猎人说：“放了我，我将给你三条忠告。”猎人起誓答应，鸟说出了三条忠告：“做过事不后悔，自己认为不可能的事不轻信，爬不上去时别费劲。”猎人听后，兑现了承诺，放掉了鸟。

鸟飞到了一棵树上，朝着猎人喊："你真蠢，放了我。你难道不知道，我口中有宝珠？正是因为它，才给了我智慧。"猎人听罢，马上后悔，追到鸟所在的树下，开始往树上爬，想再次抓住鸟，以获得宝珠。结果，爬到一半就掉了下来，摔断了双腿。

见此情景，鸟嘲笑道："你真笨，我刚告诉你的三条忠言，怎么转瞬间就全忘了？"这大概就是箴言书上常说的，"对自以为是的聪明人来说，与挨千次老师的教鞭、读万卷圣贤的经典相比，一次真实的碰壁教训，其所起的作用可能会更加深刻有效。"

以上故事所揭示的道理，可以回答人们常感叹的，为什么我们懂得很多，却仍过不好人生？为什么我们思考中的理想如此丰满，现实行动的结果却如此骨感？知道，想到，不等于做到。进行了认知革命，掌握了思维模式，并不等于就能走遍天下，诸事可成。

决策多纠结，人生不自在，多因太"有知"。脑海中装满"希望""期盼""必须""应该"，心田里充斥着"观念""看法""知识""经验"。如此被诸多基于过往的成见、预设、猜想所套牢，在面对无常多变未来之挑战时，怎能放下包袱，临机顺变？

无常多变环境，知识不断更新，信息快速膨胀，远超大脑处理能力。我们已不可能仅凭努力学习，就能将不确定转变为确定，将不可控变成可控。无知成为常态，担忧恐惧没必要，闭门思考多无效。提升决策智慧，需从实践行动入手，事上练，干中学。

尾声　超越有知 活出自在

觉悟无知，开启智慧；超越有知，活出自在。修炼智慧决策之行思模式，须心态开放，无畏无执，一脚踏在熟悉的大地上，另一脚探入陌生的领域中，如此观照而不身陷“无知”或“有知”，欣赏体验无知、有知之风采，且思且行，且行且思，在道中……

项保华

2017 年 8 月 10 日初稿、8 月 31 日定稿

2018 年 2 月第 2 次印刷修订稿

（全书完）